なぜあなたはお金持ちになれないのか

お金に好かれる体質のつくり方

「一般財団法人自己肯定感学会」代表
中島輝

朝日新聞出版

はじめに

あなたは自己肯定感が高いですか？

この本を手にしているということは、「高くない」と思っている方が多いのではないかと私は推測しています。

この本のタイトルが『なぜあなたはお金持ちになれないのか』です。

果たしてこのタイトルの本をお金持ちが読みたいと思うでしょうか？　おそらくお金持ちは興味を持たないと思います。

タイトルを見てアンテナに引っかかるのは、今の経済状況では満足できず、もっとお金が欲しい、お金持ちになりたいと思っている人でしょう。

結論から言ってしまうと、お金持ちになれるのは、しっかりとした「自分」を確立できている人です。

言い換えれば自己肯定感が高いからなのです。

これまで私は多くのお金持ちに接し、**「お金持ちほど自己肯定感が高い」という事実**に数えきれないほど直面してきました。

今現在お金が十分でないと感じていたり、もっといえば「不足している」「こんな状況が続いたらどうしよう」と経済的な不安を抱えたりしている人は、ほぼ100％と言えるくらい自己肯定感が低いという事実も見てきました。

やがて私は、お金の不安が自己肯定感を低くしているばかりではなく、**自己肯定感の低さがお金持ちになることを阻んでいる**のでは？と考えるようになりました。

自己肯定感の低さがあなたの可能性を阻んでいた

自己肯定感の低さはその人の考え方や行動、対人関係など、さまざまなシーンで顔を出します。

考え方という点で言えば、**自己肯定感の低い人は物事の悪い面に目が行きがちで**

す。プラスの面を見ずに悲観的な予測ばかりします。

行動も悲観的予測に基づいたものになるので、守りに入りがちになり、自分の可能性を広げる方向には行きづらくなります。

対人関係においても、自分に自信がないので他の人と自分を比較してコンプレックスを抱きやすく、のびのびとふるまうことができません。

どうでしょうか？　こういう観点で見てみると、自己肯定感の低さによって、本来なら順調に展開していくはずの物事が、どこかで頭打ちになると感じませんか？

自己肯定感が高ければうまくいくはずの物事が、うまくいかなくなってしまうのはこのような理由によります。


この本を読み進めるにあたって、1点注意していただきたい点があります。

この本で「お金持ち」と定義しているのは、まさに自分の力で道を切り拓いてきた人たち、あるいは代々のお金持ちでご先祖さまから事業を受け継ぎ、自分の代でさらに発展させてきた人たちを指します。

この場合の「仕事」は実体のある「実業」をイメージしています。「短期投資で●

億円つくったお金持ち」ではないのでご注意ください。

もしも短期間に何億もつくったお金持ちがあなたの理想であれば、残念ながらこの本はあまりあなたの役に立たないかもしれませんのでご承知おきいただければと思います。


ここで少し私自身についてお話しさせてください。

私は代々続く老舗の商家に生まれました。実家は経済的には余裕があったものの両親は家業で忙しく、私は幼いころから「里親さん」と呼んでいた親戚のおじさん・おばさんの家で一日のほとんどを過ごしました。

両親とはそもそも顔を合わせる時間が極端に少なかったので、愛情をかけられた記憶がありません。私に愛情を注いでくれたのは里親さんご夫妻でした。

私の好きな食べ物を用意しておいてくれたり、一緒に外出したとき、里親さんの知人に会い「まあ、かわいらしい坊ちゃん！」と褒められると「本当にこの子はとってもかわいい子なんです」と誇らしげに言ってくれたり……。

実の親から「かわいい」と言われた記憶がない私には、とてもうれしく、認めてくれる言葉は自尊感情も高めてくれました。

存分に里親さんたちに甘え、我が子同様にかわいがっていただいていたのですが、小学生のとき、その里親さんが夜逃げをしてしまいます。

あれほど私を慈しみ、かわいがってくれていたのに……と思うと、私は見捨てられたような気持ちになりました

里親さんに代わって私の面倒をみてくれたのは、同居していた曽祖父母でした。曽祖父母は双方とも裕福な家でしっかり教育を受けた人たちです。曽孫である私にも、自分たちが受けたお金教育も含めた「人としてあるべき姿」をみっちりと仕込んでくれました。

そのことがどれほどありがたいことだったか、大人になった今ではわかります。

でもそのころ私が欲しかったのは、「わかりやすく愛情を示してくれる身近な大人の存在」でした。

その望むものが与えられなかったこともあって、私は精神不安定なまま成長しました。

「誰からも愛されていない」という思いが強かった私は、ネガティブな思い込みを手放すこともできず自分には価値がなく、生きている意味がないと思っていました。

経済的には困ることはなく、羽振りがよかった時代もあります。

ところが25歳のときに家業が不動産投資に失敗し、連帯保証人として多額の借金を背負うことになったのです。プレッシャーに押しつぶされそうになり、ただでさえよくなかった精神状態は著しく悪化しました。

仕事の時間だけはかろうじて頑張れたものの、プライベートでは何もかもが怖くて思うように外に出られなくなり、その状態が10年続きました。

とにかくこの苦しみから逃れたい。自分を立て直して健康な精神を手に入れ、人生をやり直したい気持ちでいっぱいでした。

どうして自分はこうなってしまったんだろう?というのが、私にとってはいちばん知りたいことでした。

そこで心理学の勉強を始めカウンセリングやセラピーなどメンタル強化の勉強を始めました。外には出られないし、当時はまだ今のようにインターネットが普及しているわけでもなかったので、教材はもっぱら本でした。

最初のうちはよく理解できませんでしたが、やがて自分の成育過程やそのときどきの精神状態が、私の性格や考え方にどんな影響を与えているのかがわかるようになりました。考え方グセを変えることで人生は変えられることもわかってきました。たとえば、「私が決めた！」と思える自己決定感が幸福度を上げられるのです。

そこで自分なりに理解したことを実践したり、自問自答してセルフコーチングをしたりするようにしたところ、精神状態がどんどん快復していき、精神的に安定したばかりか自分の人生に可能性を見出せるようになったのです。

私自身を苦しめていたものの正体を一言で言い表そうとすると、ある一言に行き当たります。それが「自己肯定感の低さ」です。

大好きだった里親の夜逃げによって突然見放されたように感じたり、いわゆる「普通の家庭の子ども」とは異なり、両親からたっぷり愛情を受けて生活した経験をしていなかったりした私は、自分の存在・自分自身を肯定できていなかったのだと思います。

こうして私は「自己肯定感の有無がすべてのカギになる」と実感するようになりました。

実際にセルフコーチングによって自分のメンタルを強化し、自己否定から自己肯定へと考え方をシフトチェンジしていくにつれて、「もう再起不能なのではないか」としか思えないほどのひどい精神状態を快方に向かわせることができました。

このことから、**表面的なポジティブな言動や行動よりも、人の根底にあってそのすべてを支配するのは自己肯定感**だと確信するようになったのです。

奇跡的な快復後、私は自分のこの経験を、自分と同じように自己肯定感が低いことで苦しんでいる人のために役立てたいと考えるようになりました。

見回してみれば、自己肯定感の低さに悩む人の、なんと多いことでしょうか。

そこで自分が行ったメンタルトレーニング法をプログラム化し、ぜひ多くの人に使ってほしいと思い、自己肯定感アカデミーを立ち上げました。

これが多くの方に受け入れられ、自己肯定感に関する本を出版するという幸運を引き寄せるにいたりました。

今では「自己肯定感の第一人者」とありがたい呼び名をいただいています。

私の人生は一言で言うと波乱に満ちた人生だと思います。裕福な家に生まれたものの、家庭生活は平穏ではなく幼いころから精神不安定に悩まされましたし、20代半ばで親がつくった億単位の借金を背負う羽目になり、二度と立ち上がれないのではないかと思うほどの精神的・経済的打撃を受けています。

しかしそこからメンタルトレーニングメソッドの開発で復活を遂げ、起業したい人向けのコンサルタントとしての仕事も始めました。現在、両事業は順調に裾野を広げて成長しています。親の借金もきれいに返し終わりました。

気づいてみれば低かったはずの自己肯定感は高い状態をキープできるようになっていました。

事業が拡大するにつれ、お付き合いするのは「よりお金持ちの方々」になっていきます。そこで感じたのが、お金持ちのお金に対する考え方や思考パターン、行動、人としてのあり方が、曽祖父母から繰り返し教えられたことと、とてもよく似ていることでした。
なるほど、曽祖父母は幼い私に「お金持ちとして生きること」の神髄を教えてくれようとしたのだな、と今になってわかります。

自己肯定感が低い状態から、セルフセラピーでここまで高めることができた私。億単位の借金まみれだった状態を克服し、順調にメンタル強化メソッド事業を伸ばす力をつけてきた私だからこそ、みなさんの本当に知りたいことをお伝えできるという自負があります。

この本に書かれていることを一度に全部実行するのは難しいかもしれません。でも大丈夫。少しずつできそうなことから始めてみましょう。物事は何でも最初の一歩を踏み出すところから始まります。

0と1では大違いなのです。

1ができれば2、3、4……とやれることは増えていきます。

ぜひ最後まで読んで、この本を最初の一歩を踏み出すためのジャンプ台として利用してください。

そしてこの本が、お金自体に偉大な価値を見出すのではなく、お金を用いることであなたがもっとあなたらしい人生の意味を見つけ、「より深い人生の目的」に到達し、あなたの人生を明るく切り拓いていくための助けとなれば、著者としてこれほどうれしいことはありません。

目次

第3章
お金持ちの習慣 考え方編

第4章 お金持ちとそうでない人の違いとは？

第5章 お金と自己肯定感の深い関係

第1章

お金持ちの習慣 行動編

お金持ちの基本生活リズム

この章では読者のみなさんがいちばん知りたいであろう、お金持ちの行動についてお話ししていきたいと思います。真似できそうなところはどんどん真似してみてください。

お金持ちと同じような生活パターンが身につき、同じような行動ができるようになったとき、きっと豊かさを実感できるようになっていることでしょう。

「健康第一」がモットー

ではさっそく始めていきましょう。お金持ちはお金の大切さをよく知っているだけでなく、健康の重要性についてもよく理解しています。**人間、体が資本だということ、何ごとも心身の健康があってこそということを実感しているから**です。

体が健康だということが、すなわち仕事におけるハイパフォーマンスの維持につながるという考え方をします。

そのため**睡眠も含めて健康増進や健康維持に役立つことを、日々取り入れています。**

私たち人間も含めた動物は、植物と異なり自ら栄養をつくり出すことができません。栄養は食べ物や飲み物という形で外部から取り入れるしか方法がありません。つまり私たちの体をつくるのは、日々食べているものだということです。

お金持ちはその点をよくわかっているので、単に「お腹がいっぱいになればいい」という食べ方はしません。

お腹がすいているからといって、コンビニで適当に菓子パンを買って空腹を満たすということはせず、「今、何を食べるべきか」「どういう順番で食べるべきか」を考えて食べるものをチョイスします。

もちろん**食費にお金もかけます。**

野菜を買うにしても無農薬のものだったり、有機野菜だったりと、**金額に目を向けるのではなく、自分の「ここだけは譲れない」という部分に焦点を合わせて選びます。**

食欲を満たすために食品を買うのではなく、**「健康を買う」という意識を持っているの**がポイントです。

お金に糸目をつけずに、いろいろな食材を試せるというのがお金持ちの強みです。きちんとしたものを食べて健康を維持できれば、仕事でも高いパフォーマンスを上げることができます。するとますます収入が増えて、より高価で質の高い食材を買うことができます。

①体型維持はパーソナルトレーニングで

お金持ちの多くはスレンダーで若いときと変わらない体型をキープしています。

体によけいな脂肪がなく、ほどよい筋肉がついているのが理想と考えます。

それは、**体型を一定にキープできること＝自制心の表れ、と思っている**からです。

自分の欲に負けていては、事業を成功に導くことはできません。欲に勝ち、自分自身を超えていくために食べるものに気を使うし、体型維持にも励みます。

自分をコントロールできれば、自分の体型を自由にデザインし、理想に近づけることができることを知っているのがお金持ちです。

もちろんそのためのお金は惜しみません。パーソナルトレーナーの元で週2〜3回、一定時間トレーニングをする習慣を持っているのはデフォルトです。

みなさんもお金がかからない、ランニングや筋トレから習慣にしましょう。

②歯医者通いも定期的に

以前、ある俳優さんが経済的に困窮している人を演じるために、健康な歯を9本抜いたことが話題になりました。

「どうすれば貧しい人に見えるだろうか？」と考えた結果、歯がないことが端的に貧困だということを表すと考えた結果なのだそうです。

歯は虫歯になっても放置しようと思えばできるものです。もちろん虫歯から黴菌《ばいきん》が入って重篤な病気を引き起こすことがありますが、とりあえず虫歯になってもすぐに命の危険にさらされるということはありません。

とはいえ、前歯が1本でも欠けていたら「どうしてこの人、歯の治療をしないんだろう?」と思ってしまいますよね。

歯はその人の教育レベルや生活レベルを反映すると言われますが、私もその通りだと思います。

お金持ちにはお気に入りの歯科クリニックがあり、虫歯がなくても定期的に通ってまめに歯のお手入れをしてもらいます。

年齢を重ねるにつれて歯周病にかかる可能性が高くなります。歯自体は健康でも歯周病で歯を支える歯肉がダメージを受け、歯を支えきれなくなることがあります。

歯周病予防の意味でも、定期的な歯科検診はお金持ちのルーティンに組み込まれているのです。

お金持ちの睡眠スタイル

①早朝時間をフル活用

まず「お金持ちは早起きする」ということについてです。

私たち人間だけでなく、この**地球上に生きる生物には「サーカディアンリズム」というものがあります。**

サーカディアンリズムとは生まれながらに持っている生体リズムのことで、「体内時計」とも呼ばれます。

このリズムを支配しているのが、視床下部内の両目の網膜から大脳へ伸びる視神経の交わる場所にある視交叉上核です。

お金持ちが早起きなのは、生まれ持ったサーカディアンリズムを効果的に活用するためで、特に「自律神経」の働きに着目しているためです。

ここで自律神経について少々ご説明しましょう。

人の体には無数の神経が張りめぐらされており、役割によって「運動神経」「感覚神経」「自律神経」の3つに分類されます。

運動神経は中枢神経からの指令を伝え、全身の筋肉を動かす役割を担い、感覚神経は触覚、痛覚、温度覚などの皮膚感覚などを中枢神経系に伝える働きを担います。自律神経は自分の意志では調節できない体温や血圧、消化や排せつなどの内臓の機能を調整する働きをします。

自律神経には、「交感神経」と「副交感神経」という2種類の神経が存在します。この2種類の神経は体内を同時に支配し、どちらかが優位になったときは一方が引っ込むという形で体のバランスを保っています。活発に活動するときは交感神経が優位に立ち、リラックスしているときや睡眠時には副交感神経が優位になるという具合です。

朝、太陽の光を浴びることで脳の覚醒を促す脳内ホルモンであるセロトニンが活発に分泌されます。

そして副交感神経から交感神経へとスイッチングが行われ、体温と血圧が上がり心拍も上昇して体が活動に適した状態になります。

24
6
12
18

一般に、**早朝の6時から8時が体（と頭）にとってはゴールデンタイムと言われており、ものすごく物事に集中できる時間になる**というわけです。

つまりこの**早朝の時間をうまく使うことが成功のコツ**ということ。お金持ちはそのことをよくわかっているんですね。

私自身もこの時間をフル活用するようにしています。起床時刻は夏冬問わず毎朝4時50分。コーヒーとプロテインだけお腹に入れて、何も食べずに朝5時から仕事に取りかかります。

そこから4時間集中して、その日のデスクワークはほぼ終わっている感じになります。9時になったら身支度をして外出するという具合です。

週末は9時までにその日の仕事が全部終わってしまうので、そこからあとはすべて自分の自由時間です。

教養を身につけたいとか、資格試験の勉強をしたいという方には、早朝時間の活用をおすすめします。ものすごく集中できてなんでも頭に入りますよ。

ぜひ試してみてください。

②お気に入りの睡眠ルーティンをつくる

朝、スッキリ目覚めるためには、夜、熟睡できていることが前提になります。日夜元気なお金持ちは早起きも得意ですが、同様に上手な睡眠の取り方も知っていてしっかり実践しています。

寝る時間はまちまちで、私の知る限りでは、お金持ちの睡眠時間は必ずしも長くはありません。

夜10時前には必ず寝るという方もいますが、中には12時頃という人もいます。多くの人は朝5時には起床しているので、睡眠時間は5～6時間といったところでしょうか。

OECD（経済協力開発機構）の2021年の調査によると、日本人の平均睡眠時間は7時間22分だそうです。

私などは「みんなそんなに寝てるのかな？」と思うような結果ですが、それはさておき、**お金持ちの睡眠時間は平均よりも短め**といっても間違いないでしょう。

ただし時間は短くても睡眠の質が高く、深く眠ることができているので疲労回復に影響することはありません。

寝つきがよくて「枕に頭をのせたとたん、ストンと眠りに落ちる」という人も少なくありません。

なぜスムーズな眠りにつけるのかというと、**「寝る前に今日1日の反省をしないから」**。これに尽きます。

下手な反省は安眠を妨げることをよく知っているからです。それよりも**「明日はどんないいことがあるだろう」と考えます。**

お腹がいっぱいだったり、逆に空腹すぎたりしてもうまく眠りにつくことができません。そのため、就寝時刻から逆算して「夜●時までには夕食を摂るようにしている」という人がほとんどです。

眠りに入るとき人の体は副交感神経が優位に立つため、若干体温が下がります。

その状態をつくりやすいように、お風呂も寝る直前に入るのではなく、1時間くらい前には入り終えるようにしています。

夕食がほどよく消化できて、なおかつ空腹にまではいたらない状態で、なおかつ体温が自然に下がるタイミングをはかってベッドに入るというわけです。

自分にとって快適なベッドの固さや枕の高さにこだわる傾向も見られます。寝るときに身につけるものも同様で、パジャマは●●というブランドのコットン１００％のものなど、お気に入りのものがあることが多いようです。

寝室の空調や照明なども、暑すぎず寒すぎない温度に設定したり、ちょうどいい具合の暗さを選んだりするなど、**万事「自分にとって快いもの」を知っているのがお金持ち**です。


また、少しでも時間があったら眠る、いわゆる**「単発睡眠」をよく取るという人も多いです。10分でも20分でも空き時間ができたら眠ってしまいます。**

いわゆる「うたた寝」ですね。

うたた寝にもコツがあります。「レム睡眠」とか「ノンレム睡眠」という言葉を聞いたことはありますか？

レム睡眠とは体は休息しているものの、脳が活発に働いていて記憶の整理や定着が行われている状態の睡眠です。夢を見るのはレム睡眠のときと言われています。

一方、ノンレム睡眠時には大脳まで完全に眠った状態になります。

ざっくり言えば、レム睡眠はあまり深くない睡眠、ノンレム睡眠は深い睡眠ということです。入眠時は脳を休ませるノンレム睡眠状態になり、約90分後に浅いレム睡眠になります。

短時間のうたた寝から目覚めたときスッキリしているのは、ノンレム睡眠の初期に目覚めているからです。**30分以上眠ってしまうと目覚めが悪く、起きた後キビキビ動くのが難しくなってしまいます。**

この理屈がわかっているので、お金持ちは**空き時間がちょっとでもできるとコトン！　と眠る習慣を身につけている**のです。

お金持ちは休み上手

「いい休み」はタイミングが9割⁉

何かに夢中になっていると時間を忘れて没頭してしまい、途中で集中力が続かなくなってしまったということ、ありませんか？

お金持ちは、集中力が切れる前に休息を取る習慣を持っています。

物事を完遂するにはパフォーマンスの維持が重要であり、そのためには適度な間隔で休息を取る必要があると考えているからです。

「疲れてきたな」と感じる前に休む、というのがポイントです。

お金持ちほど「時は金なり」を実感している人たちはいません。自分が1時間あたりどれくらいのお金を生み出すかをよくわかっているので、「ああ、疲れた」と感じている時間ももったいない、と考えるのがお金持ちの人たちです。

集中力が切れた時点で、体はすでにお手洗いに移動しています。

集中しているとき、人は1か所を凝視していることがほとんどです。今ならパソコンやタブレットの画面を見続けることが多いでしょう。

そんなとき凝視している場所から視線を移して手を洗うことで、頭も体も、さらには気持ちもリフレッシュすることを経験的に知っているのですね。

①集中できる時間には限界がある

心理法則では人が集中できるのは30分程度とされていますが、**本当に集中しきれる時間は15分程度**とする説もあります。

廣津留《ひろつる》すみれさんとおっしゃるヴァイオリニストの方をご存じですか？　大分県の県立高校からハーバード大学に入学し、さらにジュリアード音楽院という世界屈指の音楽学校で研鑽《けんさん》を積んだ才媛です。

ヴァイオリンの練習だけでも大変だったと思うのですが、学業と両立させることができたのは、子どものころからお母さまに徹底したタイムマネジメントの方法を教えられたためだそうです。

その方法とは、**「1つのタスクにかける時間は5分。5分経ったら次のタスクに移る」**というものです。

たった5分しかない、と思えばイヤでもパフォーマンスが上がりそうですね。とても合理的なやり方だと思います。

もっとも人によって集中できる時間は異なります。**まずは自分がどれくらいの時間集中できるのか、スマホのストップウォッチなどを使って計測してみましょう。**

その上で、どのくらいの間隔で休息を取るのが自分に合っているのかを見極めるようにするといいでしょう。

②やる気出しにはカフェイン補給

休息時には、飲み物やおやつが欲しくなりますよね。

私の場合は、**糖分補給が必要なときとカフェイン補給が必要なとき、さらに嚙む行**

為を求めるときの３パターンがあります。

このうち体が求めているものに自然に手が伸びます。**ドーパミンなどの快楽物質を出したがっているときには糖分を、アドレナリン系のやる気を出したがっているときはカフェインを、気分を変えたいときはセロトニンを求めてガム**を、というふうに自然に使い分けています。

コーヒーもその日によって「今日は甘味を足してみよう」とか「今は濃いめに淹《い》れてみようかな」など、体が求めるものは日によってもタイミングによっても異なります。

「自分の休息はこうあるべき」と決めてしまわずに、**「今、何のために休息を取るのか」を明確にして、休息のお伴を選ぶようにする**といいでしょう。

③長期休暇は必ず取る

日ごろ、**分刻みのスケジュールをこなしているお金持ちですが、休むときはしっかり休みます。**

思い切りよく長期休暇を取るので、周りの人は「お忙しいだろうにスケジュールのやりくりが大変なのでは？」と心配になるようですが、そんなことはありません。長期休暇を取っても困らないよう、何カ月も前からきちんと段取りをしているからです。

お金持ちは段取り上手なので、計画的に休む分には問題は起こらないのです。

また、**休暇の長さよりも質を重視します。**「とことん楽しむことに徹する」ので、時間の長さは問題にならないのです。

そのため、長期休暇にはお金を惜しみません。

それには**長期休暇を取る目的が、「家族をねぎらい楽しませるため」**だということが関係しています。

利他の精神に満ちているお金持ちにとって、いちばん身近な他者は家族です。

家族を喜ばせることができないで、どうして他人を喜ばせることができるだろうか、と考えているので、家族が喜びそうなことには全力を注ぎます。

自分が骨休みをしたいから、というよりも、家族を楽しませるための長期休暇なのです。

どんな経験も無駄にしたくないのがお金持ちです。

一流のリゾート施設を好むのもその表れでもあります。

たとえば一流リゾートホテルでは、他では受けられないサービスを受けたり、極上の寝心地のベッドを使ったりすることができます。

自分の身をもって最高のサービス、最高の環境を体感するためにお金は惜しみません。**「最高」を体感することで、自分がより高みに引き上げられる**ことを知っているからです。みなさんも少し贅沢に思えることも、経験してみるとまた新しい視点を得られるかもしれません。

お金持ちの身の回り

家はエネルギーチャージの場所

家の中が片付かず、ごちゃついているお金持ちはまずいません。

いつも掃除したてのようにぴしっと片付いていて、よけいなものが出ていないことがほとんどです。

なぜお金持ちは家の中をきれいに片付けているのでしょうか。

それは**家を世界中のどこよりもくつろげるエネルギーチャージの場所だと考えているから**です。家の中が乱雑で、溢れかえるほどものが出ていると、くつろごうにもそれができません。

ホテルの客室と比較するとわかりやすいと思います。ホテルの部屋は掃除が行き届いて、どこもかしこもピカピカです。よけいなものも出ていません。

だから客はゆったりした気持ちでくつろぐことができるのです。

また現実問題として、家の中がごちゃごちゃしていてどこに何があるのか判然としない状態だと、探し物に時間を食われてしまうということもあります。

どこに何があるか把握できる程度の量にとどめておくことが、タイムパフォーマンスを上げることにつながることを、お金持ちは常に意識しているのです。

①服はパターン化すれば悩まない

整理整頓に関して一般の人がいちばん頭を悩ませるのは、洋服の整理ではないでしょうか。破れたり汚れたりした服なら捨てる決心ができますが、さほど**傷んでいない服を処分するのは難しい**ものです。

洋服は着ようと思えば長く着続けることができます。特に服の数が多い人ほど、1枚あたりの利用回数は少なくなるのでなかなか傷みません。

おしゃれで洋服が好きな人は、新しいものも欲しくなるので、処分しきれない服の山の上に、また新しい服の山を積み上げることになり、いつまでもクローゼットがパンパンのままです。クローゼットの容量に対して服の数が多すぎると、整理整頓のしようがなくなってしまいますね。

でもお金持ちは服の整理では悩みません。

十分な広さのクローゼットがあって、持っていた服を全部そのまま持ち続けることができるというのもありますが、**厳選したものだけを持つようにしているので洋服の総量がさほど多くなかったり、洋服にも旬があると考え旬が過ぎたものは人にあげたりバザーに出したりして処分する**人も少なくありません。

中にはスティーブ・ジョブズのように**「マイスタイル」を決めてしまって、それ以外のスタイルはしない**という人もいます。

服1つ選ぶのも多少の時間がかかります。毎日、そんなことに頭を使いたくない、と考える人は、「考えないですむスタイル」を選ぶというわけです。

自分の優先順位がわかっているので、ものの整理に悩まない「マイルール」を決めているのがお金持ちなのです。

②使わないかもと思ったらすぐ捨てる

お金持ちは洋服に限らず、不用品はどんどん処分します。「あの人、これを欲しがりそうだな」と思ったら、それとなく尋ねてみて気前よくプレゼントしたり、人様に差し上げる価値がなさそうなものは廃棄したりします。

みなさんはいらないものをずっと持ち続けていることが、心の負担になっているのを感じたことはありませんか？

昔の彼がくれたバッグやアクセサリー、高かった靴、もう今は興味のなくなってしまった洋服地や毛糸などの趣味の品々……「思い出の品だから」「高かったから」「まだ使えるのにもったいないから」という理由で処分できないものが目に映ると、なんとなく気分が萎えますよね。

お金持ちはそんなふうに「あー、これ、もう使わないのにどうしよう」と悩むことに時間を使うのはもったいない、と考えます。

だからいらないものはさっさと処分して、よけいなことを考えないようにしているのです。

③靴にはお金をかける

不用品は処分する一方、大事に使いたいものはとことん大事にします。

特に**お金持ちがこだわっているのが靴やカバン、時計**などです。いずれも日常的なお手入れを欠かさず、ちょっとほつれたり傷がついたりしたら早めに修理に出すと長く使うことができる品々です。

靴にはこだわる人が多いです。

「足元を見る」という言葉に見られるように、**人に会ったとき靴が印象に残ることが多い**からです。

洋服はシンプルで控えめでも、よくお手入れされたきれいで品格を感じさせる靴を履いていると、それだけでぐっと知的でおしゃれな人に見えるものです。

また靴は人の身体の健康を支える大事な役割をするものでもあります。

合わない靴を履き続けていると骨格が崩れ、腰痛やひざ痛の原因になります。下半身の崩れは上半身の崩れや内臓の疾患につながっていきます。

だから自分の足に合った靴を履くことは、とても重要なことなのです。

高額な靴だからすべていいというわけではありませんが、自分の足にぴったりフィットする靴を見つけようとすると、ほとんどの場合、高額な商品になるかオーダーメイドになることが多いでしょう。

それをわかっているので、**お金持ちは靴を大切に扱う**のです。

④トイレと玄関だけはピカピカに

昔、「ご不浄」と呼ばれていたトイレは、体の中のよけいなものを出す汚れやすい場所です。不要なものは運気を下げるので、用をたしたらトイレのふたを必ず閉めたほうがいいでしょう。

お金持ちはトイレの汚れを決してそのままにはしません。

トイレを使うたびにトイレシートで拭いたり、トイレブラシでこすったりと清潔を保ちます。

手を拭くタオルはまめに交換します。**小さなハンドタオルを20枚ほどたたんで置いておき、手洗いをするたびに新しいものを使うようにしている**ことも少なくありません。

万事、清潔を心がけているからです。

玄関を重要視するのもお金持ちの特徴です。玄関は家の顔であり、運気の入り口だと考えます。

特に重要視しているのが、**玄関の「たたき」のきれいさ**です。たたきは土足で入る場所なので、汚れやすいからです。

靴の底にはよそから持ち込んだ「邪気」もついています。お金持ちは邪気を払ってきれいに保つことで運気がアップすることを知っているのです。

たたきの掃除をしやすいように、靴を出しっぱなしにすることはありません。靴は必ずシューズボックスか、玄関に隣接したシュークローゼットにしまいます。

たたきに汚れを見つけたら、さっとほうきで掃くか雑巾で水拭きするかします。外から帰宅したとき、玄関が整っているのは気分のいいものですよ。それだけで運気が上がってくる感じがします。

家の中すべてを今すぐきれいにするのは難しくても、トイレや玄関など小さなスペースならやりやすいのではないでしょうか。

手始めにぜひ試してみてください。

お金持ちの仕事術

仕事とプライベートの比重は同じ

一般の人の中には、仕事はお金を得るための手段と割り切っている人が少なくありません。そういう人は仕事に関しては自分の意にそわないことでもやむなしとし、その分、プライベートを充実させようとします。

仕事への熱量が低い分、プライベートに関しての熱量を高めることで、自分の人生を充実させようと考えているのでしょう。

でも、お金持ちでこういう考え方をしている人は100%いません。

お金持ちは時間の使い方がうまく、オンオフを使い分けます。それはどちらも100%楽しみたいからです。

仕事をするときは100%仕事、プライベートな時間は100%リラクゼーションにあてるというイメージです。どちらが欠けても自分らしくないことがよくわかっているので、どちらにも全力投球します。

①時間管理はデジタルに限らず

タイムイズマネーということをよく知っているので、お金持ちは時間管理を大切にします。

今はデジタルで管理する人が増えていますが、ことお金持ちに関して言えばそうとも限りません。

スケジュール管理はスマホのスケジュールアプリだけでなく、電波障害に備えて紙の手帳も同時に活用しています。アナログなやり方ですが、これが確実だということをお金持ちはよく知っているのです。

②デスクはなるだけ大きいものを

お金持ちは自分に対する「ご褒美」や「ご自愛」を重要視します。

そのことは仕事道具を見るとよくわかります。

たとえばビジネススーツ。着ているだけで気分がシャキーン！とする好みのブランドをほとんどの人が持っています。

パソコンやスマホ、手帳や筆記用具などにもこだわりを持った人が多いです。

ポイントは「シャキーンとする」もしくは「癒される」。心地よい緊張とほどよいゆるみの両方を大切に考えているからです。

仕事用デスクや椅子、パソコンなどの電子機器にもこだわりを持つのもお金持ちならでは。

デスクは大きければ大きいほどいいと考える人が多いようです。これは画家の方も同じですが、大きいキャンバス（デスク）を前にしない限り、浮かんでこないものがあるからだそうです。小さいデスクを使っているうちは、大きな仕事はやって来ないと考えているのでしょう。机の上も必要なもの以外は置かず、マメに整理するようにしましょう。

椅子に関しては、合わないものを使っていると腰痛の原因になります。特にデスクワークの多い人は自分に合った椅子を探し求めて、「いい」と聞いたものは片っ端から試しています。

今の時代ではアナログとされますが、ノートや手帳、ペンなども愛用します。パソコンやタブレット入力のほうが手っ取り早く書けますが、大きな机同様、**「手書きにしないと見えてこない景色がある」**というのがその理由です。

また**自分の手で文字にしたとき、その情報が強くインプットされ、頭に残りやすい**という理由もあります。

③仕事道具への こだわりは「ご自愛」に通じる

手にしたときにワクワクする好みの品を選ぶという点では、「ご自愛」に近いものがあります。今の言葉で言えば「推し（好きなもの）」で周りを固めて、気分よく楽しく仕事をしたいという思いがあるからです。

その点、**今流行っている「推し活」ができる人は、仕事で成功できる可能性が高い**

と言えます。

④まっとうな計算高さが功を奏す

お金持ちの行動規範に、「合理的であるかどうか」「効率的であるかどうか」というのがあります。言葉を変えれば「計算高い」とも言えます。

とはいえその計算高さは、ずるさからくるものではありません。

言ってみれば**「まっとうな計算高さ」**というようなものです。

お金持ちの「まっとうな計算高さ」は、中国古典でいうところの「三事」を大切にしたいという思いからくるのではないかと、私は思っています。

「三事」というのはその名の通り、「3つの大切なこと」を説くものです。

1つ目は「正徳」。正しい徳をもってことにあたりなさい、という教えです。「みんなを思いやった行動をしなさい」ということですね。

2つ目が「利用」。効き目のいいことをやりなさい、という意味で、効率よく物事をやりなさいということになります。

3つ目が「厚生」。福利厚生の「厚生」で、「命や人生を大切にすること」を意味しているのではないかと私は思っています。

これらは全部、「人のため」になることですよね?

お金持ちは計算高い、でもその計算高さは人の人生をよくするためのもの、というのが私の解釈です。

⑤自分以外の何かに頼れる謙虚さを持っている

お金持ちには「最終的には運だ」と考えている人が多いように感じます。その表れの1つが「神棚」です。自分の運を支えてくれるのが、目に見えない「何か」だと思っているからです。

日本人は不思議な国民で、どんなに「占いなんて信じない」「特定の宗教は持たない」と言う人でも、お正月になると神社へ行き、神様に手を合わせておみくじを引きたくなります。

家や社屋を建てるときは地鎮祭をしますし、子どもの七五三となれば神社でお祓《はら》いをしてもらいます。なぜか神道に関しては抵抗なく受け入れてしまうのですね。

日本人らしい素直さだなあ、とほほえましくなります。

さらにほほえましく感じるのが、お金持ちのお祀《まつ》りしている神棚を見たときです。お金持ちのオフィスには、ほぼ例外なく神棚がお祀りされています。

精一杯、知恵も絞るし努力もする。けれども最終的には見えざるものの力に導かれているのだという感覚を強く持っているのだと思います。

お金持ちは謙虚だなと感じる瞬間です。

ちなみにお金持ちには、**神社仏閣やお城巡りを趣味としている人が多いように感じます。建物フェチや庭園好きの人もいます。**

そういう方々のお伴で、私もずいぶんいろんな場所に行きました。

「この門は〜」とか「この庭の作りは〜」などとうんちくを語り始めるので、一緒にいるととても勉強になります。

⑥気分よくいられる環境を大切にしている

私が見たところ、**お金持ちは「自分が身を置く場所」を大切に考えています。直感を重要視しているので、どんな場所でひらめきが起こりやすいか把握している**のです。

丸の内にいたほうがシャキーンとして気持ちがいいのか、恵比寿・代官山あたりが心地いいと感じるのか……本当に人それぞれ「合う場所」は違うんだなと感じます。

私も今の事務所の場所を決めるとき、「どの場所がいちばん自分に合っているか」「ひらめきが起こりやすいか」を中心に絞り込んでいきました。

方位的にもいい場所なので、とても気に入っています。

⑦どんなときも柔和な表情で

神社のお賽銭《さいせん》箱の上には鈴が吊るされていますが、それも音を鳴らしてけがれをはらうためです。

だから**お金持ちは声を大事にします。なぜならばハリのあるよく通る声にはけがれをはらう力があることを知っているから**です。

表情がやわらかいのは、心にも体にもよけいな力が入っていないからです。常にニュートラルであることで物事がスムーズに運ぶことをよく理解しているので、必要以上に力む必要はないと考えているのです。

お金持ちの全身
アクセサリーは
さりげないものを
柔和な表情
顔も髪もツヤがある
カバンや
腕時計は
お気に入りの
ものを
読書時間も
大切に
爪もきれいに
整える
服はシワがなく、
丈やサイズ感が
体に合うもの
靴はいつも
ピカピカにみがいて

またお金持ちは常に相手の話を聞きたいと思っています。それには相手に安心してもらわなくてはなりません。

ムスッとしていたり、表情が固かったりする人には、誰も心を開こうとはしないでしょう。相手の立場に立てば、やわらかい表情をしている人には心を開きやすく話しやすいと感じるのは自明の理です。

だから**お金持ちはいつも柔和な表情をしている**のです。

本や新聞をよく読む

かつては大人のレジャーランドだった書店ですが、スマホの普及と反比例してどんどんその数が減っていっています。電車の中で本を読む人もほとんど見なくなりました。

新聞も同様です。新聞の世帯普及率は1980年代のピーク時には1・29でしたが、2015年の時点ですでに0・80まで低下。そこから10年近く経過した今、さらに少なくなっているのは必定です。

読書以外にもたくさんの楽しみがあり、インターネットでニュースを見ることもできる今、わざわざ本や新聞にお金を出す必要はないと考える人が増えたのでしょう。

しかしそんな風潮に抗うかのように、**お金持ちの人たちはこんな時代にあってもなお、本と新聞を欠かさない生活を送っています。**

たとえば**何かについて深く知りたいと思ったとき、お金持ちはまずそれに関する本を買って読みます。インターネットの情報だけですませることはありません。**

本にはその分野に長けた人の、長年にわたって蓄積された知見や、専門家ならではの見解がまとまった形で書かれています。お金持ちはこの点を重視しているからです。

またその分野についての本を、何冊も買って読むようにするというのもお金持ちならではと言えるでしょう。

1冊や2冊では偏った知識や偏った見方しか知ることができないと考え、いろんな立場の人のさまざまな見解を知り、自分はどう考えるかを模索したいと思っているのです。

なお、**中国の古典を愛読する人も多い**です。論語や四書五経をはじめとした思想書のほか、三国志などの物語も好んで読みます。

昔からの読み継がれてきたものに、人生の神髄や人としてきちんと生きていくための叡智を見出すからです。

経営者や**特に事業で成功した人たちの多くは、『論語』を繰り返し読んでいます。**その理由は人としてのあり方の基本に立ち返るには、『論語』がいちばんと考えているから。くわえてお金持ちの考え方に**「論語と算盤」**というのがあります。つまり、ご説明をすると論語で人はいかにあるべきかを学び、算盤を通じて正しくお金の勘定ができるようになる（＝経営者としてお金のことをきちんと考えられるようになる）というわけです。

オーソドックスな学び方をするのが、お金持ちの特徴でもあります。

新聞には、「一覧性」という他の媒体では得られない長所があります。

インターネットでニュースを見る場合、まず見出しを見て興味があるものだけをクリックしていきますが、これでは情報が偏ってしまいます。

これに対して、紙面を開けば大見出しが目に飛び込んできます。興味があるとないとにかかわらず、開けば目に飛び込むというのが重要なのです。

国内トピックよりも国際トピックに着目するというのもお金持ちの特徴です。ビジネスがグローバルに動く今、日本国内だけに注目してもあまり意味がないと思っているためです。

海外の情報を取り入れるために、**人気図書のランキングも和書でなく洋書部門を最初に見る習慣を持っている人が多い**傾向もあります。みなさんも一度見てみてください。

お金持ちだから知っている
お金が帰る使い方

お金＝大切な人

①長財布でお金にのびのびしてもらう

お金持ちはお財布にこだわりを持っています。

私の知る限り、**お金持ちが使っているのは長財布です。理由は「お金にのびのび過ごしてもらいたいから」**。

2つ折りの財布ではお金（お札）が窮屈な思いをするだろうから使わない、ゆっくり体を伸ばして快適に過ごしてもらいたいから長財布を使う、というのです。

お金をあたかも「大切な人」のように見なし、大切な人に接するときのように扱うのもお金持ちの特徴です。

その大切なお金を休ませるのが長財布というわけです。

ゆったりくつろいでもらうには、当然、お財布の中も外もきれいにしていなければなりません。人が荒れ放題の庭、乱雑な室内ではくつろごうにもくつろげないのと同じです。

他のものと一緒にバッグに入れるときは、**傷ついたり色移りがしたりしないように入れる順番に注意を払い、こまめに汚れを取って常に清潔を保ちます。**

古びたお財布をそのまま使い続けると運気が下がると考えるので、**くたびれてきたときがお財布の替えどき**と心得ています。

②カード は1～2枚に絞る

お財布にお店でもらったレシートを適当に突っ込んでおくなど、もってのほかです。お財布の中にレシートを一時的に入れておく場所を決めておいて、一日の終わりに全部出して保管しておくものと捨てるものに分けます。

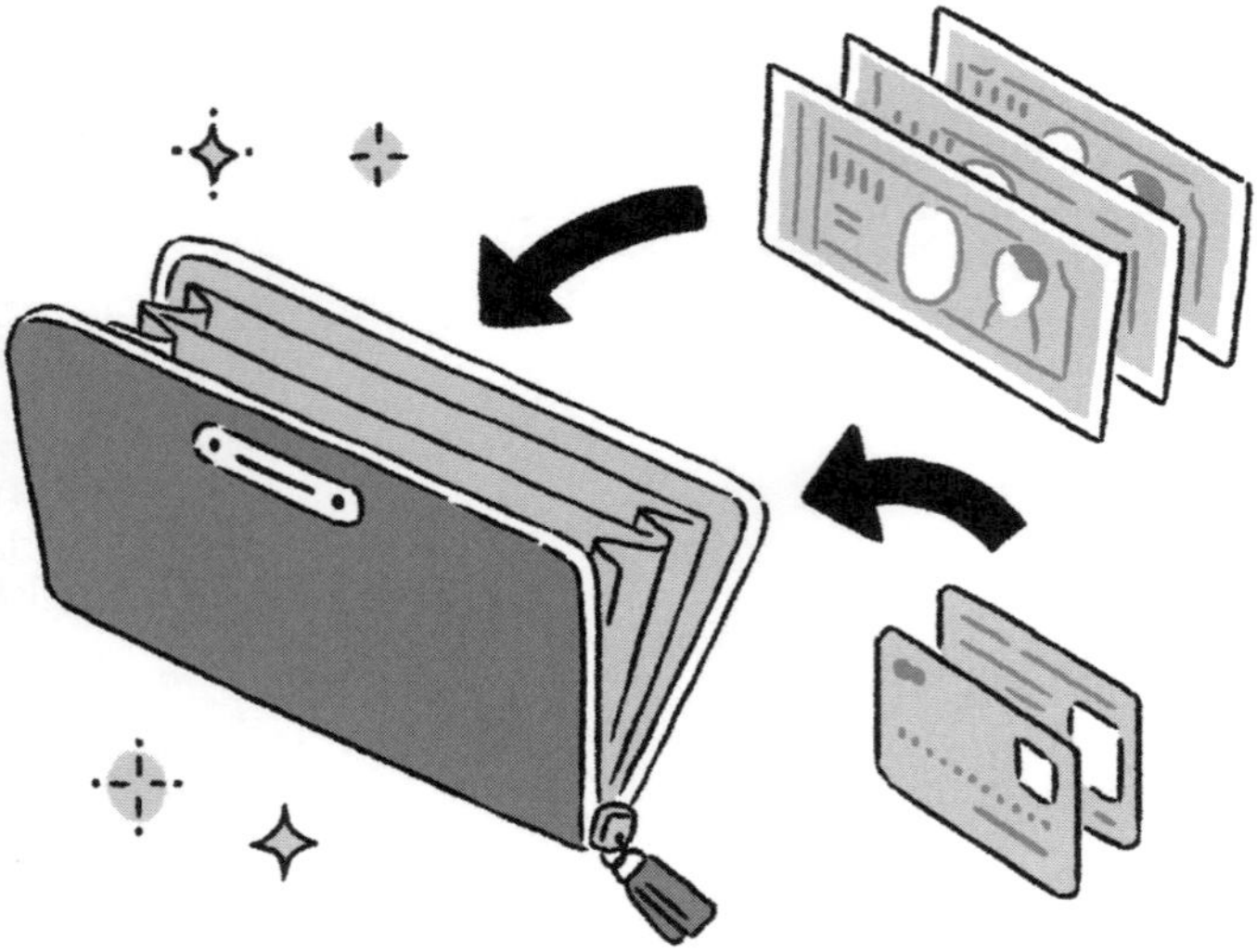

クレジットカードは意識的に増やさないようにしています。

一般の人は「今、このカードを作ると●●ポイントプレゼント」などの言葉に惹かれ、ついつい作ってしまいがちですが、お金持ちはそれをしません。

自分に必要なものが何かわかっていて、そこに意識を集中しているので、目先の得には魅力を感じないからです。

お財布に入っているクレジットカードの数は1～2枚、多くても3枚止まりです。

お金持ちもカードポイントは重要視

しています。効率よく自分のライフスタイルに合ったポイントを貯めたいと考えているので、おのずと使うカードが絞られるというわけです。

③財布の値段の200倍があなたの年収⁉

よく**お財布の値段の200倍がその人の年収になる**と言われます。10万円のお財布なら年収は2000万円、30万円のお財布なら年収は6000万円ということになります。

真偽のほどはわかりませんが、**お財布が高額であればあるほど大切に扱うようになるのは間違いない**でしょう。大切に扱われれば、相手に愛着を持つようになるものです。

子どもだって「かわいいいね」と言って愛情をかけてくれる人に懐きますし、犬猫も同様です。植物も、モーツァルトの音楽を聴かせて大切に育てると美しい花を咲かせると聞きました。

これと同じことがお金にも起こることに、なんら不思議はありませんね。

大切にされている高価なお財布には、第3章で詳しくお話しする「エネルギーの共振共鳴の法則」が働くので、大きなお金が集まりやすくなります。

そういえば、お金に関してこんな話を聞いたことがあります。

今ではユーロに統一されましたが、昔、ヨーロッパのある国ではとても大きなお札が使われていました。その国のお金持ちの奥様方は、夜になるとその大きなお札にアイロンをかけていたというのです。

お金に対して敬意を表し、慈しむ気持ちを育むためと聞き、なるほどと思いました。

④新札は数枚しのばせておく

財布に入ったお札が、手の切れそうなピカピカの新札だというのもお金持ちの特徴です。

今、キャッシュレス決済が普及しつつあり、中には現金を一切持ち歩かないという人もいます。

ただしお金持ちに関して言えば、ほとんどの場合、現金を持ち歩いています。飲食店や旅先でお世話になったスタッフの方々に、ちょっとした心づけを差し上げることが多いためでしょう。

お札は必ず新札です。たとえば買い物をしたとき、きれいなお札をもらうとうれしい気持ちになりませんか？

お金持ちはお金を出すとき、相手にそうしたうれしさや気持ちよさを味わってもらいたいという気持ちから、新札を入れておくのです。

時間を買って、パフォーマンスを上げる

①タクシー代をケチらない

一般の人はよほどのことがない限り、タクシーは使わないようにしなければ、と思っています。「タクシーに乗る＝楽をすること」と思い込んでおり、自分が楽をするためにお金を使うことに罪悪感を覚えるからです。

一方、**お金持ちはタクシーを使うことにためらいがありません。**

もちろんタクシー代をケチらずにすむだけのお金を持っているから、というのもあります。でも理由はそれだけではありません。

タクシーに乗ることで「時間を買える」と考えるからです。

お金持ちにとっても一般の人にとっても、大人にとっても子どもにとっても、時間はこの地球上に生きる人にとって平等に流れています。

国内に時差のない日本では、その日の午前0時は誰にとっても午前0時ですし、午後1時から2時までの1時間は、誰にとっても1時間です。

ある意味、これほど平等なものはないかも知れないくらい、時間は平等に流れます。

お金持ちはパフォーマンスを上げることを重要視しているので、時間も可能な限り有効活用しようとします。

移動にタクシーを使うというのは、タイムパフォーマンスのアップを心がけているお金持ちにとっては理に適《かな》った行為なのです。

タクシーに乗っている間、座席でさまざまなことができます。

メールの返信や電話連絡など短時間ですむタスクを2～3個終えることも可能ですし、短時間睡眠を取って、次のタスクに備えることもできます。

食事の時間にあてることも可能です。一般の人が想定している以上に、お金持ちはタクシーの中でいろいろなことをすませてしまいます。

通常、**お金を出しても買うことのできない時間を、タクシー代を出すことによって買うことができる**というわけです。

②グリーン車も積極活用

首都圏のJRでは中長距離列車に2両のグリーン車が併設されています。お金持ちは首都圏近郊に出張に行くとき、これを活用します。使い方はタクシーと同様です。

私の知っているあるお金持ちは、首都圏近郊の観光地に近いところにご自宅があるのですが、東京のオフィスに出勤するときは必ずグリーン車を使うそうです。

その日の段取りをグリーン車の中ですませ、オフィスに着いたらすぐに仕事に取りかかれるように準備するのだとか。

普通列車で1時間かかるそうですが、集中するのにちょうどいい長さだと話してくれました。

タクシー代やグリーン車に乗ることを「贅沢」と決めつけず、「これで時間が買える」と考えると、また違った見方ができるかもしれません。

機会があったらぜひ試してみてください。

高額なインプットもためらわない

よく聞くのが、「●●の勉強をしたいけど、受講料が出せなくて」という言葉です。

私はその言葉を聞くたびに、「本当にこの人はそれをやりたいのかな？」と思ってしまいます。

もちろん金額にもよりますが、**極端に高額でなければ、本当にその勉強をしてみたいと思っているのなら「何とかしてしまう」もの**なのではないでしょうか。

それを「お金がないからできない」というのは、はじめから諦めてしまっているのでは？と思わざるを得ません。

第5章でご説明する、自己効力感や自己信頼感が揺らいでいる状態なのだと思います。

少々厳しい言葉になってしまいますが、**「お金がないから」というのを理由にして、やることを先延ばししているのかも**しれません。なぜ先延ばししたいのか、そこから自己探求を始める必要がありそうです。

①高額セミナーは受講生の質が高い

一般の人にありがちなこんな態度・考え方と対照的なのがお金持ちのインプットに対する考え方です。

お金持ちは自分にとってメリットがあると感じたら、ためらわずお金を出します。

富裕層向けのセミナーの中には、1日で7桁の金額のものも少なくありません。しかも100万円どころではなく、400〜500万円クラスのものもあります。

そしてこれを言うと驚かれるのですが、**高額なセミナーほど人気が高い**という事実があるのです。

人気講師のセミナーだということもありますが、それ以上に大きいのが「受講生がハイレベル」ということです。

高額なセミナー料を払えるということは、お金を持っている人だからです。人気セミナーの受講生は成功者の集まりとも言えます。

仮に1日こっきりのセミナーだとしても、成功者は人の顔と名前を覚えるのが得意です。「いつかこの人と仕事をしてみたい」と思ったら、忘れることはありません。

こうした**横のつながりが得られることがわかっているので、成功している人ほどためらいなく高額なインプットにお金を出す**というわけです。

セミナー料の支払いは、どんなに高額で分割払いを利用できたとしても一括で行います。分割払いを利用するということは、借金をしている期間が長くなるようなもの、と認識しているからです。

事業の借り入れ以外の借金はしたくない、と考えているのです。

②インプットとアウトプットは比例する

高額なお金をかけたインプットには、そこでしか知り得ない貴重な情報がたくさんつまっています。

お金持ちのセミナー受講の目的の1つには、**自己研鑽はもちろんのこと、その情報を活用して自分のオリジナルメソッドなりスキルなりをつくり上げるという実利的なこともあります。**

貴重な情報満載の高額セミナーなので、それを元に自分でアウトプットしようとしたとき、同じように質の高いものになります。

自分のアウトプットに絶対的な自信を持っているので、高額な単価をつけることにためらいがありません。「この価値をわかってくれる人だけが来てくれればいい」というのがベースにあるからです。この考え方、おぼえておきましょう。

曽祖父母の「7つの教え」

人のお金に対する価値観や考え方は、家庭で大人たちがお金について話しているのを聞くことでつくられていくことが多いのではないでしょうか。

お金持ちの家では、子どもに対して早くからその家独自のお金教育を施します。

私の場合、同居していた曽祖父母から、かなり具体的なお金教育を受けました。これには私の育った家が、江戸時代から200年以上続いていた造り酒屋だったことが関係していると思います。

「安易に投資に走るな。それよりも実業を重んじよ」が家訓として掲げられていたのですが、その背景にはご先祖様の苦い経験がありました。江戸末期に酒米の先物買いをして、その酒米を木場に置いておいたところ、台風に襲われて全部流されたそうなのです。

この損失によって造り酒屋はあえなく倒産。それ以来「投資をする時間があったら実業に励め」が家訓になったということです。1を10にすることよりも、まずは1を2にする積み重ねをしていくことの方が大切だと言うのです。

実利ありきの生き方をして1を2に、2を3にすることに励み、投資は余った時間で行うように、と。祖父母の代まではその家訓が守られていたのですが、昭和末期から平成初めのバブル期に私の父が禁を破って土地転がしに走ったために、再び破産を経験することになります。

それについては、今回の本のテーマから逸れるので別の機会にお話しするとして、ここでは私が曽祖父母から受けた7つの教えについて、お話ししていくことにしましょう。

1　領収書1枚を大切にせよ

曽祖父母と暮らした実家は、住居部分と事務所部分が併設した形になっていました。事務所の机の上には他の事務用品と並んで、領収書を一時的に刺しておくためにの

「状差し（伝票差し）」と呼ばれるピン状の道具がありました。

お客様から受け取ったときにすぐに差しておけばいいのですが、そのタイミングで電話対応などが入るとつい後回しにしてしまうことがあります。

領収書の紙は薄くて軽いので、ひらりと床の上に落ちてそのまま……ということがしばしばありました。

すると曽祖父母の叱責が飛んできます。

「領収書が落ちたことにも気づかないとは、なんたることか」と言うのです。「それは周りを見ていないからだ。そして領収書をくださった方に失礼でもある。人を大切にしていないからそんなことになる」とこう来るわけです。

ぐうの音も出ません。

商売に関する何もかもを大切に扱うこと。それがすなわちお金を大切にすることにつながるということを、叩きこまれたように思います。

2　礼節を重んじよ

「礼節を重んじなさい」も繰り返し言われました。

礼儀と言葉遣いに関しては、子どもだった私にも容赦がありませんでした。

曽祖父母に対する呼び方は「おじいちゃま」「おばあちゃま」。用事があって彼らの部屋に入るときは、まず襖をとんとんと叩いて「入ってもいいですか」と尋ね、了解が得られたら部屋に入ってまずは正座でお辞儀をします。

出るときも正座で「ありがとうございます」ときちんとお礼を言って、襖は静かに閉めます。ちょっとでも隙間が開いていてはダメで、もちろん閉めるときにバチッと音を立ててもダメ。

「相手を大切にする気持ちがあれば、おのずから立ち居振る舞いは丁寧なものになる。それが礼節を重んじるということ」と言われました。

「相手を大切にすることは自分を大切にすること」という言葉も心に残っています。

当時はまだ子どもだったので意味がわかりませんでしたが、大人になってからはよくわかるようになりました。

3　生き金を使え

「生き金というのは、人の役に立つお金のことだ。だから生き金を使うようにしなさ

い」という教えもありました。

この教えは**「さらにそれが人の役に立ちながら、2倍以上の価値になるかどうかを考えなさい」**と続きます。

特に「10年後にどうなっているかを考えなさい」ということは、繰り返し言われました。

投資対効果を常に見なさいということを言いたかったのでしょう。

今、私は短期・中期・長期とタイミングを変えて見たとき、現在のお金がどれくらいの価値になっているかを予想して使うのが習い性となっています。この考え方は、子ども時代の曽祖父母の教えから来ているのだろうと感じます。

4　感謝に対するお金は惜しむな

「感謝に対して惜しまずお金を使え」とも言われました。

もちろん言葉で**「ありがとうございます」と感謝の気持ちを伝えることは基本中の基本ですが、さらにお金を使って感謝の意を表しなさい**というのです。

相手の方が喜びそうな贈り物を添えるとか、好みがわからなければちょっといいお菓子などを差し上げるように、と教わりました。

感謝に対して惜しまずお金を使い、私利私欲に走ってはいけない、と繰り返し言い聞かされたことは、私のお金の使い方の中核となっています。

5　絶えず「おごる方」でい続けよ

「おごられる方ではなく、絶えずおごる方でいなさい」という言葉も印象に残っています。

理由は「人様からごちそうにあずかることはとてもうれしいものだから」。曽祖父母の根底には、人の幸せは他の人の喜ぶ顔を見ることにある、という価値観がありました。

自分が笑顔になっているのを人に見せるのもいいが、それ以前にまずは自分が人を笑顔にすることを考えて行動しなさい、というのです。

今、私は多くの方に安心して人生を送ってもらいたい、毎日を笑顔で過ごしてもらいたい、という気持ちでさまざまな活動をしています。その根幹にあるのが、この曽祖父母の教えなのではないかと感じます。

6　安物買いの銭失いになるな

つまり「無駄遣いするな」ということです。ものを買うときは「どれくらいの期間使うのか」を考えて買うように、とも言われました。

毎日のように着るTシャツであれば、短期間でボロボロになるので安いものでもOK。ただしちゃんとした場所に着ていくものであれば、そう頻繁に出番があるわけではありません。

年に何回かしか使わないのだから、すぐにボロボロになるようなものではなく、しかも人目にはつく。きちんとしたものを身につけている人たちの中で、自分だけ安物を着ているのは居心地の悪さを感じるだろう。

だから**ここぞという場に着る服は3年とか5年たっても廃れないもの、高くてもきちんとしたものを選ぶべき**、というのです。

こうした観点で身につけるものを選ぶと、安物買いの銭失いにはならないのだな、と大人になってから思うようになりました。

7　お金の使い方にその人の生き方が出る

「お金との向き合い方とは、すなわち人や仕事への向き合い方と同じ」ということも、何度も聞かされました。

人との付き合い方や仕事に対する姿勢が、お金の使い方に出るというのです。逆に言えば、お金の使い方を見ていると、その人がどんなふうに人や仕事と関わり、どんなポリシーで生きているのかがわかるということでもあります。

自分を大切にしている人は、周りの人や仕事も大切にするし、生活全般に丁寧さがにじみ出ます。

一方、自分を粗末に扱っている人は、他人にもぞんざいに接するし、仕事に対してもどこか投げやりなところがあり、衣食住に関しても丁寧さが感じられないことが多いものです。

人は悩みがあるとき、生活の一部がおろそかになり、そこから伝播するように生活全般が粗雑になっていきます。

一度、荒れてしまったものを全部同時に整えていくのは大変です。

そんなときはまずお金を整えていくといいのではないでしょうか。日常のお金の出入りをきちんと把握し、無駄遣いを減らしてお金の整理整頓をしていきます。

一部は全部であり、全部は一部でもあります。**いちばん整えやすいお金の交通整理をすることで、おのずと他の部分も整っていき、もっとも大切な「自分を大切にする」ことができるようになっていく**ことでしょう。

第2章

お金持ちの習慣 人間関係編

人間関係こそ利他の心を発揮する

最初に「ギブ」ありき

「お金持ちほど人間関係を大切にする」という事実があります。

ダニエル・キムという人が考案した「成功循環モデル」というのがあるのですが、これがそっくりお金持ちに当てはまるのです。

「人間関係の質を高めていくと、最終的にお金持ちになる」というもので、実際、どんなに頭がよく努力家で時流をつかんでいたとしても、人間関係の質が悪い人は最終的にお金持ちになることができません。

人間関係が悪いということは、その人自身の考え方や行動に問題があるということです。そうすると感情的にもよくないものが出てしまい、「いい人たち」を遠ざけ、「悪い人たち」を呼び込むことになってしまうのです。

では、**人間関係の達人であるお金持ちの基本が何かと言うと、「最初にギブする」**。これに尽きます。

もちろん例外もありますが、一般の人の場合、自ら何かを提供するよりも相手に求めることが多いのではないでしょうか。そこがお金持ちといちばん違うところです。**お金持ちは最初にギブしておくことで、巡り巡ってそれが生き金として自分につながってくることを知っているので、惜しみなく相手に与えることができる**のです。

前提としてお金に余裕があるので、他人にお金を使うことを惜しまないというのもあります。

また単純に、「人を喜ばせるのが好き」「人にいい思いをさせてあげたい気持ちが強い」というのもお金持ちの特徴の1つです。

たとえば別荘に招くといったことです。一般の人にとって別荘というのは日常生活からかけ離れたものですよね。

お金持ちはそれをわかっているので、「一度、別荘ライフを体験させてあげたい」という気持ちで、普段別荘とは縁のない人を招いてくれたりします。

招かれたほうは大喜びです。別荘に招かれる経験なんてそうそうできるものではありません。

一生涯の「忘れられない思い出」になることでしょう。


相手にとってはちょっと手が出せない、かといって相手の負担にならない程度の高価なプレゼントをするのも得意です。

こんな話を聞いたことがあります。

事業で成功を収めた人と仕事で会う機会があり、最後のミーティングがちょうどバレンタインデーに近かったことから、一流ホテルのチョコレートをプレゼントされたというのです。

自分のために買うのをためらうくらいのチョコレートで、それを食べたとき「今まで自分がチョコレートだと思っていたものは何だったんだろう？」と思ってしまうくらいの、衝撃的なおいしさだったそうです。

「人のためにポンとそういうものを買えるのってすごいですよね。お金持ちっていいなと思いました」とその人は話してくれました。

おそらく彼女は一生、プレゼントされた一流ホテルのチョコレートの味を忘れることはないでしょう。

そんなふうに**お金持ちは、ずっと相手の心に残るようなギブをさりげなくしてくれるのです。**

○売上を伸ばす会社の経営者は、社員にお金を使う

継続的に業績を上げていく会社の場合、経営者が社員を大切にし、社員のためにお金を使っていることが多いです。

特に印象に残っているのが、コロナ禍での焼き肉店を経営していた方のエピソードです。ご存じの通り、コロナ禍で飲食店は休業や営業時間の短縮を余儀なくされました。

多くの飲食店では売上がガタ落ちになりスタッフを休ませたり、場合によっては解

雇したりせざるを得なくなりました。

しかしこの方はスタッフに「毎日、お店においで」と言い、お給料も払い続けたのです。お客様が来ないので、お店でテレビを見たりボードゲームをしたりして過ごしたのだそうです。

広いお店で密にはならないので、たくさんの話をする機会が持てて、スタッフとの距離が縮まったと感じたと言います。

そうやってお店に明かりをつけてスタッフともども集っているうちに、ジョギングで通りかかった人が入ってきました。

コロナ禍でもスタッフをお店に通わせていることを聞き、「ここの経営者さん、すごいね！　こんないい経営者さんのいるお店がつぶれちゃ大変だ！」と、週2回、お弁当100個ずつをオーダーしてくれたのだそうです。

このお客様もまた会社経営者で、しかもコロナ禍でも休めない業種だったことから、「こんな中、通勤してくる社員たちに何かしてやれないか」と思っていたのだとか。

焼き肉店も週200個のお弁当のオーダーが入って大喜びですし、お弁当を受け取る側も「社長がここまで気遣ってくれるなんて」と大喜びです。

双方ともに経営者とスタッフが絆を深め合う「正のスパイラル」に入り、コロナ禍が明けた今、両社とも絶好調の売上を上げています。

焼き肉店の経営者もすごいし、その頑張りを見て「一肌脱ごう」と社員のためにお弁当を週に200個も買ってくれる経営者もすごいですよね。

自分のことだけを考えた場合、前者はスタッフを休ませればすみますし、後者はあえて何も買わなくてもいいわけです。

でも2人はそうしなかった。なぜでしょうか。**「最初にギブすること」や社員のためにお金を使うことの大切さをわかっていた**からです。

私はこのエピソードを知ったとき、いかにもお金持ちのやりそうなことだと思いました。**まずは「他者のため」**。その姿勢は徹底しています。

肯定力で誰のことでも受け入れる

お金持ちには寛容な人が多いです。

強く人を否定することはなく、ありのままに受け入れます。

思うに、人をけなしたり否定したりするのは、自分に自信のない人がやることなのではないでしょうか。自分に自信がなくて自己否定を繰り返しているうちにそれが習い性となり、相手のことも否定しないではいられないのでしょう。

「否定のエネルギー」に支配されている、とも言えるかもしれません。

経済的にも心理的にも余裕のない人が否定のエネルギーに支配されているのと相反するように、**お金持ちは肯定のエネルギーに満ち溢れています。**

着実にやるべきことをやって財産を築いてきたという自負のあるお金持ちは、自己肯定感の塊のような人たちです。

自分を受け入れることができているので、他者も自分と同じように尊重し受け入れ

ることができるのです。

他人に対して意地悪な見方をすることもありません。ありのままの相手を受け入れ、長所を探そうとします。

愛があるからこそできることで、お金持ちは**「愛をもって他者を見る人」**と言えるでしょう。常に人の強みを伸ばしてあげようとしたり、チャンスを与えてあげようとしたりするのも、その愛ゆえです。

間違っても他人の足を引っ張ってやろうなどということは考えないし、もちろんすることもありません。そんなことをしたら自分に返ってくるのがわかっているし、そもそも他人の足を引っ張りたい動機も理由もないからです。

今の世の中、他人を引きずりおろしたい、他人に不快な思いをさせてやりたいという願望を持っている人が目につくようになってきました。

SNSが普及したことで自分の顔や名前を知られることなく、中傷したいと思えばできてしまいます。

すでに社会が成熟し、少子化・国力衰退のフェーズに入っている日本ですが、「食うに困る」というレベルではありません。何十年先はわかりませんが、少なくとも今は普通に働いていればそこそこ生活できます。

世界標準という目で見た場合、日本は未だに豊かな国だと思います。にもかかわらずしょうもないことで人を叩き、隙さえあれば引きずりおろそうという流れが容易にできてしまうのは、精神的には決して豊かでないからなのだろうと感じます。

他人をけなし、引きずりおろしたところで、その分、自分の立場がよくなるわけでもリッチになるわけでもありません。

「天網恢恢疎《てんもうかいかいそ》にして漏らさず」という言葉があります。「天の神が張りめぐらした網の目は、一見すると粗そうに見えるが、実は決して漏らすことはなくからめとられる」という意味です。

悪いことをしても、匿名だからバレないだろうというのは実は大間違いで、あとから必ず報いを受けるということを言っているのです。

悪いことはもちろん、人目につかないところで行った「いいこと」も、お天道様は全部見ている、というのがお金持ちの考え方です。

相手のことを理解するために、会話する

友人や知人で、何度も同じことを聞いてくる人はいませんか?

たとえばペットの年齢について「●●ちゃんは何歳でしたっけ?」と会うたびに尋ねてくる人。最初は「私のペットに興味を持ってくれてうれしいな」と感じても、2回、3回と同じことを聞かれると、「なんだ。興味のあるふりをしていただけなのか」とかえってがっかりしてしまいますね。相手にこんな思いをさせるくらいなら、興味のないことは尋ねないほうがマシというものでしょう。

こういうことを絶対にしないのがお金持ちです。

多くの人と接しているので、自分のことなんか覚えていないだろうと思いきや、「そう言えば前に会ったとき、●●って言ってたよね。あれどうなったの?」などと尋ねられて驚くこともしばしばです。

単に「記憶力がいい」ということだけではありません。それ以前に**人が好きで、人**

を受け入れる度量を持っているということなのだと思います。

だから人に対して「のぞき見したい」とか「弱点をつかみたい」といった品のよくない好奇心ではなく、**「この人のことを知りたい」というまっとうな好奇心**が生まれるのだと思います。

日常生活の中で、自分以外の誰かの話を聞く機会はとてもたくさんあります。

でも実は、本当の意味で「その人のことを理解しようとして聞いている」のではなく、音声として物理的に聞いているだけのことがほとんどではないでしょうか。

お金持ちが一般の人と大きく異なるのは、この「聞く姿勢」です。

真正面から相手の言葉を受け止め、その言葉の背後にある相手の感情を推しはかりつつ会話を進めていきます。

単なる社交辞令としての会話ではなく、ベースが「相手を理解するための会話」なので、しっかり記憶にとどめることができるのだと思います。

あるお金持ちによれば、**特定の人を思い浮かべたとき、その人に会って話したときの空気感や相手の表情が、映画のワンシーンのようによみがえってくる**そうです。

「自分の人生で出会う人は、すべて『自分という映画』の登場人物の1人だからね。忘れないよ」とも話してくれました。

自分を大切に扱うことのできる人は、他人のことも大切にできるのだな、と改めて実感しました。

○「知りたいオーラ」で話を引き出す

お金持ちは自分の知らない世界を知ることに対して貪欲です。

年齢を重ねるにつれて、若い人との会話が成立しなくなったり、「何を話していいかわからない」と言ったりする人が増えていきますが、ことお金持ちに関してそれはありません。

日ごろあまり自分と関わることのない若い世代の人に会うと、目がキラキラと輝き出して「知りたいオーラ」が溢れてきます。

気さくに声をかけ、どんどん話を引き出していきます。

ただしそれは「詮索」とは違います。詮索は相手を評価したいときにするものです。

世の中には、相手が自分より優れているか劣っているかが気になる人が一定数いますが、そういう人が「詮索」に走るのだと思います。

お金持ちの場合は相手を値踏みするのが目的ではなく、「相手のことを知りたい」という純粋な欲求があるだけです。

だから誰もが安心して心を開くのだと思います。

人に頼るのがうまいお金持ちたち

おそるべき人たらし力

人間誰しも、「自分のことを気にかけてくれている」とか「自分の好みをよくわかってくれている」と感じるとうれしいものです。

たとえば誕生日。大人になったらなかなか覚えてもらえないし、まして「今日、誕生日だったね。おめでとう」と言ってもらうことはあまりないのではないでしょうか。

ところが私の知る限り、**お金持ちは人の誕生日をよく覚えていて、「おめでとう」**

と連絡をしてきてくれることが多いのです。

場合によっては、相手のお子さんの学年まで覚えていて、「今年、小学校に入学するんだよね、おめでとう」などと言葉をかけることもしばしばです。

誕生日も子どもの入学・進学も、本人にとっては人生の一大イベントです。それを覚えていてちゃんとお祝いの言葉を伝えることは、人間関係のピンポイントを押さえているということにほかなりません。

そんなふうに言葉をかけられると、当然、相手は驚き、「覚えてくれていた」という事実に感謝の気持ちを抱きます。

たった一言が相手を喜ばせることをよく知っているお金持ちは、まさに人生のセンターピンを外さない存在であり、「人たらし」そのものと言えます。

○手土産の達人

日本では手土産やちょっとしたお礼・お詫びに「菓子折り1つ」がよく使われます。

お菓子は生活必需品ではなく、贅沢《ぜいたく》品の部類に入ります。ちゃんとした菓子箱に入

なぜあなたはお金持ちになれないのか

「お金持ちはみんな自己肯定感が高かった！」

「なぜあなたはお金持ちになれないのか」をお読みいただき、
ありがとうございます。
さらに自己肯定感を高めていただくために、メールマガジンでは
定期的にセミナー情報や実践的なワークなどをご紹介しています。
是非、裏面の無料メールマガジンにご登録いただき 日々の気づき
にお役立てください。

NAKASHIMA TERU

「凛と輝く人生の羅針盤」
メルマガ
×
中島 輝
中島輝メールマガジン
『凛と輝く人生の羅針盤』は、
・日常生活の中で自己肯定感が高まるアドバイス
・あなたの魅力を引き出す診断方法
・ポジティブなエネルギーを引き寄せる運氣の整え方
・自宅で行うリトリート　リフレッシュやストレス解消方法
・会員様限定の特別な体験や新着限定アイテム情報
登録は無料です。
QRコードからご登録ください。

ったお菓子を自分のために買う人はそう多くないでしょう。

しかも高級なお菓子であっても、目の玉が飛び出るほど高価ということはまずありません。贅沢品でなおかつお手頃価格とくれば、お付き合いに「菓子折り1つ」が使われるのも道理です。

ところがいざ選ぶとなるとなかなか難しいものです。小麦や卵などのアレルギー問題もありますし、洋菓子は好きでも和菓子によく使われるあんこが苦手という人も少なくありません。

人の観察眼が秀でているお金持ちは、手土産のセレクトでも外すようなことはしません。相手が喜びそうなものを瞬時に判断します。

受け取った側は大喜びです。

ちなみに、自分で何でも買うことのできるお金持ちですが、手土産をもらう側になったときも素直に喜びます。手土産を買うときに生じる「これを見て喜んでくれるといいな」という思いを、誰よりもよくわかっているからです。

仲を深めるときは自ら積極的に

日ごろは「親しくなりたい」と思われることの多いお金持ちですが、もちろん彼らにも「この人と親しくなりたい」と感じることがあります。

そんなとき、「自分は親しくなりたいけれども、この人はどう思っているのだろう」などとジクジク考えたりはしません。「私なんかといて楽しいだろうか？」とも考えません。

「私なんか」などという卑下した考え方は1つも持ち合わせていないからです。

さっさと食事に誘うなりお酒の場に誘うなりして、一緒に過ごす時間をセッティングしてしまいます。このあたりのスピード感は「お手並み鮮やか」としか言いようがありません。

○お礼のお手紙は自筆にこだわる

そうやって楽しい時間を過ごしたあとは、すぐにお礼の言葉を送ります。メールのこともありますが、自筆のはがきや手紙を送ることのほうが多いようです。

お金持ちの多くは**筆まめで、お礼だけでなくしばらく会っていない人に対しても折に触れてはがきや手紙を書きます。**

カバンの中にはお気に入りのポストカードや便箋と封筒、雨に濡れても流れないインクのペンを常備し、空き時間にささっと書くのがお金持ち流なのです。

自己開示をためらわない

お金持ちは総じて接した人をとりこにするような魅力に溢れていて、「この人と知り合えてよかった」と感じさせるものを持っています。

おそらく**「自分を見せる」のが上手**なのでしょう。

一般の人は意外に見栄っ張りで、他人にみっともないところは見せたくない、自分の弱点は知られたくないと思っています。

ところが**お金持ちは、他の人だったら「恥ずかしいから話すのはやめておこう」と思うようなことを話してしまいます。**すると「こんなすごい人でも、そんなことがあるんだ」と逆に親近感を抱く結果になります。

さらに、変に隠し立てせず、どこに住んでいるとか家族構成とか好きなもの・苦手なもの、これから自分がやりたいと思っていること、これまでしてきたことなど、短時間の会話で自分に関する情報を開示していきます。

テンポよく相手を楽しませながら、ユーモアを交えて話すので、聞いている人が「もっと先を聞きたい」とばかりに目を輝かせる姿を、私はこれまで数限りなく見てきました。まさに天性の「人たらし」です。

普通の人は対面している相手によって態度を変えますが、お金持ちは自分のスタイルを貫きます。

①いやみのない自己アピールができる

自己肯定感が高く、自分を卑下する気持ちが全くない人は、自己を堂々とアピールすることができます。

とはいえ、下手なやり方をしてしまうと、「強引すぎる」という印象を与えてしまい、結果的に「あの人、本当のところはどうなの？」と不信感を与えることにもなりかねません。

私が見ている限り、自己アピールのやりすぎと見なされる人は、たいてい言っていることとやっていることが一致していない人です。

口で「自分はあれもやれるし、これもやれる」「こんなに評価されている」と言うほどには行動が伴っていないのです。うまく立ち回って人にいい印象を与えたつもりでも、周りの人は常に一枚上手をいき、隠れて見えないはずの部分までお見通しだということを忘れないようにしたいものです。

他者との関わりは幼少期から始まります。みんな伊達に何十年も人との関わりを続けてきたわけではありません。

同様に、普段からやるべきことをちゃんとやっている人のことも、しっかり見ています。結局、**いやみのない自己アピールとは、そんなふうに「周りの人がやっていることを見て、正しく評価してくれる」ということ**なのではないでしょうか。

「自分はあれもこれもできる」などわざわざ口に出して言わなくても、自然発生的に生まれる評価こそが、最大のアピールになるのではないかと思います。

②ときには弱みを見せて甘えてみる

もう1つ、お金持ち特有の「人たらしぶり」についてお話ししましょう。見ていて「すごいなあ」と思うのが、**しれっと「ごめん、ちょっと甘えちゃっていいかな？」と言えてしまうところ**です。

とはいえ、そんな大げさなことではありません。年を取って握力が弱くなり、ペットボトルの蓋が開けられない、みたいなとき、バリバリとキャリアを構築してきた人ほど、弱みを見せたくないと感じるのではないでしょうか。

ところが「ごめーん、力弱くなっちゃって、これ開けられない。開けてもらってい い？」と来るわけです。

本業でのすごい実績と、ペットボトルが開けられないこととのギャップが何だかかわいらしくて、「すごく愛嬌があるなあ」と感じてしまうのです。

それ以来、**私も自分の手に余るようなことがあったとき、気軽に頼める自分でいたいと思うようになりました。**

お金持ちが見せる、潔く任せる勇気

何でも自分でやらないと気がすまない人、あなたの周りにいませんか？

おそらくそういう人は、人を信用できないのだと思います。

知人のライターさんから聞いた話ですが、ある分野で本をたくさん出しているにもかかわらず、編集者泣かせで有名な専門家の方がいたそうです。

雑誌などにライターが書いたインタビュー記事が気に入らず、全部書き直してくるというのです。

それで元の原稿よりもクオリティが高くなっていれば何も問題ないのですが、残念ながらその方の場合は何もかも詰め込もうとしすぎるあまり、読みづらくなってしまい、そうは言っても専門家相手に失礼なこともできず、編集者が頭を抱える羽目になると聞きました。

私はその話を聞いて、その方はある分野の専門家ではあるけれども、原稿を書くことに関しては専門外なのだから、プロに任せればいいのにな、と思いました。

お金持ちになるような人は、そのあたりをよくわかっています。

そもそも自分で何もかもやっていたら、いくら時間があっても足りません。任せるべきところは信頼してスパッと任せ、最終的な責任は自分が取る、というスタンスを貫きます。

その潔さたるや脱帽ものです。

コンサルタントやメンターは大いに活用する

お金持ちは頼るのが上手ですが、相手はちゃんと選んでいます。会社の経営に関することはめったやたらと口外できないからです。

頼る相手のナンバー1はプロのコンサルタントの方です。

私の会社でも定期的にコンサルタントの方にコンサルをお願いしているのですが、1時間話を聞いてもらうだけで頭の中がスッキリ整理されるのを実感できます。

地に足をつけて、現実的に私たちの思いついたプランが実現可能かどうかというところまで落とし込んでくれるからです。

もちろんコンサルタント契約を結んでいるので有料です。実績のある方にお願いしているので決してお安い金額ではありません。

一般の人の中には「ただ話を聞いてもらうだけなのに、そんなにお金を払うの？どうして？」という感覚の方が少なくないと思います。

でも**お金持ちは、「話を聞いてもらうこと」の価値をよくわかっていて、それが自分の頭の中の整理につながることをよく知っている**のです。

お金持ちが人の話をちゃんと聞くのは、自分のそんな経験が反映されているのかもしれません。

自分が話を聞くことで、相手の中の何かが整理されたり、気持ちが楽になったり、励まされたりすることを知っているのでしょう。

態度は変えず、自分をキープ

「短気は損気」をよく理解している

「短気は損気」という言葉があります。すぐにカッとなって怒る人は、結果的に損をすることになる、ということを表しています。

実際、**私たちも短気ですぐに怒り出す人と積極的に関わりを持ちたいとは思いませんよね？**　学生時代の友人のように腹を割って話せる関係なら、「あいつ、ちょっと短気だけど根はいいやつなんだよ」と思ってくれるかもしれません。

でも、大人になってからの人間関係だとどうでしょうか？　若いときほどお互いの何もかもぶちまけるような関係ではなくなるので、「根がいい人」よりも「短気な人」という印象のほうが強くなることでしょう。

わざわざ短気な人と付き合おうとする人は少ないはずです。

まして**仕事関係のお付き合いとなると、短気な人は確実に損をします。**

そもそも仕事の場にトラブルやアクシデントはつきものです。いい年をした大人は、みんなそんなことは織り込み済みのはずです。

そこでいちいち怒っていたら、一緒に仕事をする人は決していい気持ちにはならないでしょう。

上司は「あんな短気なやつに大事な交渉は任せられない」と考えるでしょうし、取引先は「こんな短気な人とはやってられない」と思うでしょう。

仕事の場では、「紹介」が大きな意味を持つことが多いものです。

どんなに質の高い仕事をしたとしても、いざ「ご紹介」という段になると短気な人は外されます。紹介者として恥ずかしい思いをしたくないし、大切な取引先に失礼があってはいけないと思うからです。

①短気は体調不良の原因になることも

第1章で私は、人の体には自律神経というものがあり、交感神経と副交感神経が交互にスイッチングしながら体のバランスを保っているとお話ししました。

短気な人は、短気でない人に比べて、自律神経のバランスを崩しやすい傾向があります。自らの怒りの感情で交感神経を刺激して活発化させてしまうからです。

交感神経が優位に立っている時間が長ければ長いほど、逆に副交感神経劣位の状態が長引きます。これが自律神経のバランスを崩す要因です。いわゆる「自律神経失調症」の状態ですね。

カッカしている時間が長いと神経が休まらず、睡眠障害の要因になったりさまざまな臓器の疾患を引き起こしたりするリスクも高まっていきます。

②敵を絶対につくらない

「人にどう思われたっていい」という人がいますが、それ、本当でしょうか？

少なくともお金持ちにそう考える人はいません。

結果として、嫌われないまでも、特定の人にあまり好かれないという状況になることはあるでしょう。世の中にはいろんな人がいます。

大多数の人からは「明るくて感じのいい人」と思われても、中には「誰にでもいい顔をする八方美人」と悪く受け止める人もいることでしょう。その意味では万人に好かれることは不可能です。

とはいえ、そんなこんな差し引いても、わざわざ自分からあえて自分の印象を悪くして、嫌われるように仕向ける必要は1つもありません。

それをよく理解しているのがお金持ちであり、彼らは**「みんなに好かれないまでも、敵はつくりたくない」という考え方**をします。**ピンチに陥ったとき、助けてくれるのは周りにいる人だということをわかっている**からです。

周りの人がみな自分に反感を抱く「敵対する人」だった場合、誰にも助けを求めることができません。

だからできるだけ多くの人に好かれて、なるべく敵はつくらないようにしているのです。

人間関係では、どうしてもそりの合わない人が1割いると言われています。そして何をしても合う人が2割。その他7割は、行動によって「合う・合わない」が分かれるそうです。

何をやっても合わない1割のことは「仕方ない」と割り切って、残りの9割の人と気持ちよく接していこうというのがお金持ちのスタンスなのです。

決して他人に偉ぶらない

社会的地位の高さからくる「偉そう」だったり、他人から見るとどこがすごいのかよくわからないけれども本人は自信満々で「偉そう」だったり……バリエーションはいろいろありますが、世の中には一定数「なぜか偉そうにしている人」がいます。

私はそういう人を見ると、「この人、こんなふうにふんぞり返っているけれども、本当は自分に自信がないんだろうな」と思ってしまいます。

なぜならば、私の知っている**「もう仕事をしなくていいくらい資産をつくった人(=仕事のできる人)」は決して偉ぶった態度は取らない**からです。

それどころか恐ろしく腰が低く、どんな人に対しても丁寧な対応をします。自分よりうんと年下で、社会的地位が高くない人に対しても、たとえ相手が子どもだったとしても態度は変わりません。

人は誰でも丁寧に扱われたい生き物です。ぞんざいな扱いを受けていい気持ちのする人はただの1人もいません。

お金持ちはそのことをよく知っています。また、**誰一人傷つけたくない、不快な思いをしてほしくないという気持ちが強い**というのも、偉ぶらない動機になっています。

○人を見る目がある

態度が変わらないのは、目上の人に対しても同様です。

丁寧な接し方はするものの、取り入るようなことはしません。なぜかというと、取り入ることの無意味さをわかっているからです。

人を見る目のある人は、取り入ろうとしてくる人をあっという間に見抜いてしまいます。同様に、とりたてて愛想がいいわけではないけれども、心の中に熱いものを持っている人や、自分の責務を果たそうと一生懸命な人、仕事にも人間関係にも誠実な人をも見抜く目を持っています。

人間はどんなにうまく取り繕おうとしても、結局は持っている「地」が出てしまう生き物です。だから何か1つのことを成し遂げることで成功したいと思ったら、心と日ごろの行いを正していくしかないのではないでしょうか。

じれったいように感じるかもしれませんが、**唯一の成功法則は「地道にコツコツ、人として正しい道を歩むこと」**、これに尽きると思います。

イヤな人は反面教師に

交際範囲が広くなればなるほど、「なんだかこの人、イヤだな」と感じる人が増えていきます。

人の顔を見ればマウントを取る、人の揚げ足を取って悦に入る、人を感情のゴミ箱と思っているかのように愚痴を吐き出す、冷淡、言いたいことを言う、意地が悪い……数え上げたらキリがありません。

活動範囲の広いお金持ちは交友関係も幅広いので、一般の人以上に「ちょっと対応に困っちゃう人」に数多く接しています。

でも私はお金持ちが他人のことを悪く言ったり、「ちょっと困った人がいてさ」なんど愚痴を言ったりするのを聞いたことがありません。

普通の人は「こんな変な人とは関わりたくない」と思い、できるだけ付き合いを避けようとしますが、お金持ちは積極的に付き合おうとはしないまでも、あからさまに避けることもしません。

理由は明快です。なにごとも「経験だ」と思っているからです。

お金持ちは今以上に仕事を発展させて、世のため人のために尽くし、自分の資産も増やしていきたいと考えています。

その過程でいろんな人に遭遇することは「織り込み済み」です。

ちょっと対応に困っちゃう人に対して「イヤだ」という気持ちよりも、「これからもこういう人に会うかもしれない。今、ここでこういう人との関わり方を知っておこう」という気持ちのほうが強く働くのでしょう。

そして**「自分自身が試されている」と感じたりもしている**ようです。「ピンチはチャンス」という考えに近いものがあるのだと思います。

こんなふうに発想転換ができれば、イヤな人との関わりの意味が変わってきます。厭《いと》わしく思うものではなく、「貴重な勉強をさせてもらう機会」になることでしょう。

「人のふり見てわがふり直せ」と昔から言われます。**イヤな人はまたとない「反面教師」なのです。**

つかず離れずな距離感を目指す

人付き合いは「深入りしない」がモットー

誰にでも感じよく接するお金持ちですが、その一方で**人との距離を安易に縮めることは決してありません。**

「親しくなる」のと「深入りする」のとでは、全く異なるということを理解しているからです。言葉を変えれば、**お金持ちは「深入りすることなく人と親しくなること」ができる稀有な人と言える**でしょう。

それが可能なのは自立しているからです。

人は1人では生きることはできません。でも、「他者があってこその自分」ということと、自分で決めて自ら行動する自立した自我を持つことは何ら矛盾しません。

自立した人間でありつつ、他者との関わりの上に成り立つ自分を肯定している……それがお金持ちです。

「こんなに華があって誰にでも親切な人は、変な人につきまとわれることもあるんじゃないかな？」と思ってしまいますが、人にやさしくしつつも過剰な期待はさせず、決して一線を越えて自分の領域に踏み込ませません。

人にはそれぞれ踏み込むことのできないパーソナルスペースがあることを理解していて、「踏み込んではいけないオーラ」を醸し出しているので、他の人が直感的に「この人には付け込めないな」と感じるのでしょう。

私のように心理カウンセラーをしている人間には、お金持ちのそうした「さじ加減」がとても勉強になります。

●自分のスタンスを決めればつけこまれない

お金持ちの人との関わり方を間近で見ているうちに、気づいたことがあります。

それは、**対人関係に理想を求めず、自分が望む人との距離感を「こうする」と決めているる**ということです。

よく他人に踏み込まれたり依存されたりして困っている人がいますが、それは「自分はこうする」がないからだと思います。その場の雰囲気に流されて断りづらくなったり、頼られると応えなくてはいけないと思い込んだりしているからとも言えます。

「自分はこうする」がある人はおのずと「こうしますオーラ」が出て、そこを踏み越えてはいけないと相手も感じるし、自分自身も自然と踏み込ませることがなくなっていきます。

私の地元は茨城です。田舎なので人との垣根が低い上に、人の話を聞くことを仕事にしていることもあって、気軽に人がやってきます。

でもこちらにも都合がありますし、少なくとも私の側には仕事以外の時間に話を聞かなければならない理由がありません。

明らかに私に話しを聞いてもらいたくて来ているのが見え見えなので、「ああ、来たの？　今、プライベートの時間だからね」とスルーすることにしています。「どうしたの？」とは聞きません。それを聞いてしまうと、相手に期待を持たせることになってしまいます。

そんなこんなしているうちに、「こういう人なんだ」と思うようになってくれたようです。

ちなみに占い師やカウンセラーは依存されやすいと聞きますが、私は依存されたことが一度もありません。「依存させない」と決めているからです。

自分の意志で「決める」ことの力はとても大きいものです。**もし人に付け込まれやすくて困っているのならば、ぜひ自分のスタンスを「決めて」ください。**

そうすれば現実が変わっていきます。

また人から付け込まれないようになるためには、自分を理解することも大切です。**自分自身をよく知り、自分が本当は何をしたいかが明確になると、考え方も行動もそれに従ったものになります。**

すると人に付け込まれたり振り回されたりすることがなくなっていきます。

気が進まない飲み会に誘われたら

誰からも声をかけられなくなったらおしまい、とは思うものの、気の進まない集まりに誘われるのも困ったものです。

そんなとき、お金持ちの対処法を参考にしてみてはいかがでしょうか。

一般の人が「気が進まない」と感じるのは、自分の感情に左右されているからです。私はこれを「短期的な感情」と考えています。

短期的な感情に従って、イヤなものはイヤ、でもストレートに断ると角が立つから何か理由を考えなくちゃ、と思うわけですね。

お金持ちは、短期的な感情に従って行動することがほとんどありません。視点が常に中長期的だからです。

だからイベントや飲み会、パーティーなどに誘われたときの判断基準は、「気が進むか進まないか」ではなく、「中長期的に見た場合、自分にとってメリットがあるかどうか」になります。

①「大人の正直」で断る

メリットになると思えば参加しますし、中長期的視点に立った場合、自分の人生に影響を及ぼすようなインパクトはないな、と判断した場合には、相手に失礼にならないように丁寧にお断りを入れます。

正直に、なおかつはっきりと「参加しない」旨をお伝えしますが、もちろん「気が進まない」とか「メリットがないから」などとは口が裂けても言いません。

「正直」はあくまでも「大人の正直」で、理由を詳しくお伝えするかどうかは、そのときどきで判断します。

たとえば、大人がお誘いを断る場合の口実によく使われるのが「家庭の事情で都合がつかない」という文言ですが、実際にはもっと細かく、「実家の親が●●の状態で」などと細かく説明したほうがいい場合もあります。

そのあたりの加減をお金持ちはよくわかっていて、**相手にとって重要なお誘いであればお断りの理由をできる限り具体的にし、軽いお誘いであればさくっと「あいにく**

実家を訪ねる用事があって」などとあ**いまいなお断りの仕方をします。**

②まっとうな計算高さで判断を

ここまで読んで、「お金持ちって計算高い……」と感じた人も多いのではないでしょうか。

そうなんです。実は**お金持ちは計算がとても上手な人たち**なんです。

「計算高い」というと打算的で利己的なイメージがありますが、必ずしもそうとは言えないと私は考えています。

だって時間は有限なのです。いちいち全部のお誘いに応えていたらきりがありません。

そこで重要になるのが、「きちんと計算して行動すること」です。むやみやたらと自分の得になることだけを考えるのではなく、**「人の役に立つことをするために、今、自分のそれが必要かどうか」を中長期的に判断することが大切です。**

お金持ちはそういう意味で「計算高い」と言えます。

「まっとうな計算高さ」と言えるのではないでしょうか。

うぬぼれは厳禁

たいていの人は、人から褒められるといい気分になるでしょう。

特にこれまであまり褒められることのなかった人が、仕事で成功したり趣味の領域で有名になったりすると、「目くらまし状態」になることがあるので要注意です。

褒めそやされているうちに自分の実力を実際よりも高く見積もってしまい、それが態度に出て相手の気分を害させたりすることもあります。

特にフリーで仕事をしていたり、自分で事業をやったりしている人はそのあたりを十分警戒し、**どんなに調子がよく業績が伸びているときでも、自分に対する冷静さを失わないようにしなければなりません。**

仕事を出してくれる側の人に対してそれをやってしまうと、イメージは一気にダウンし、二度と仕事を出してくれなくなることもあり得るからです。実際にそうやって仕事をなくしていった人を、私は何人も知っています。

その点、数多くの美点を持ち、周りの人が称賛せずにいられないお金持ちの冷静さは、一体どこから来るのだろうかと思ってしまいます。

これは私の推測ですが、**本当の意味で「人には上も下もない」ということをよく知っているからなのかもしれません。**

ちょっとたとえが極端ですが、どんな人にも晴れた日と雨の日はやってきます。お天気は人を選びません。同じようにこの世に生まれてきて、今生きているという観点でとらえると、人は完全に平等です。

お金持ちはそんなふうにとらえているから、いつもイーブンでいることができるのではないでしょうか。

だから褒められてもうぬぼれることなく、謙虚かつ冷静でいることができるのだと思います。

◦褒められたときの上手な謙遜のしかた

褒められたとき、返事に困るのもよくあることです。

自己肯定感の低い人だと、「こんなに褒めてくるということは、自分を利用しようとしているのでは？」と勘繰って、素直に受け止めようとしないことがありますが、お金持ちに関して言えばそんなことはありません。

まず**例外なく素直に喜びます。**

ただしここは「謙譲が美徳」とされる日本だということをよく認識しているので、「そんなふうに思っていただけるとはありがたいです」といった返し方をします。

言外に「そんなにすごくはないですがありがたく思っています」というニュアンスを込めるわけですね。

必ず謙譲の気持ちを言葉に乗せる姿を見るにつけ、お金持ちは知的なしたたかさを持っているんだなあと感じます。

だからこそ、「そんなに大したことはないですよ、でもお褒めいただけたことは心からうれしく思います」という言い方ができるのでしょう。

SNSに振り回されない

今や私たちの生活と切っても切り離せないSNS。気がつくとSNSを見ているという人も多いのではないでしょうか。

ただし自己肯定感を引き下げる結果になったり、ただの時間の無駄遣いになってしまったり……付き合い方が難しいのもSNSの特徴です。

まずやってはいけないのは、SNSを「承認欲求を満たすための手段」にしてしまうことです。

承認欲求とは、「自分を見てほしい」「自分の存在を知ってほしい」「誰かに褒めてほしい」といった、「他者から認められた自分でいたい」という欲求のことです。

人は他者との関係の中で生きていくので、こうした欲求を持つのはごく自然なことではあります。

SNSのように誰もが発信できる場は、承認欲求を満たすにはもってこいです。とはいえ、ことわざに「過ぎたるはなお及ばざるがごとし」とあるように、承認欲求が強くなりすぎると、逆に自分を不安定にしてしまいます。また、人と自分を比較して落ち込む要因にもなっていきます。

お金持ちはこういうSNSの使い方は決してしません。そもそも現実の社会に承認欲求を満たせる場をたくさん持っているので、SNSをそういう目的で使う必要が全くないのです。

お金持ちがSNSを使うのは主に情報入手のためです。

旅先の情報や趣味に関する情報などを集めたいとき、SNSはとても便利です。検索機能を使ってその場所に行ったり、共通の趣味を持ったりしている人の投稿にアクセスすることができます。

言ってみればSNSは口コミです。お金持ちは口コミの価値についてよく知っているので、興味がある分野に関して情報を集めたいときにSNSを活用します。

また、SNSの投稿については、基本的に「生の一次情報」としての価値を持つと考えます。

情報入手だけでなく、**自分が発信する場合も同様で、その前提として「誰かのために役に立つものであること」と決めています。**

利己的な「私を見て発信」ではなく、こういうことを伝えて誰かに役立ててほしい、これを読んだ誰かが1日気分よく過ごせるように、気持ちが少し豊かになればいい、という思いからの発信です。

お金持ちの家族関係

できれば親を恨まない

最近、「親ガチャ」とか「毒親」といった言葉がよく使われるようになってきました。

親子関係はもっとも基本的な人間関係なので、できればパーフェクトな親に大切に育てられるのが理想ですが、ほとんどの場合、そんなことにはなりません。

この世に完全な人間が存在しないように、親も完全ではないからです。むしろ欠点だらけで、それどころか偏見に満ちていたり、場合によっては考え方が極端に偏っていたりすることだってあります。

そういう完全でない人たちに育てられるわけですから、子どもが後から振り返ってみたときに、「自分は親ガチャに外れたんじゃないか」とか「うちの親は毒親だったんじゃないか」と思うのも無理のないことです。

でもあえて言えば、そうした親からのよろしくない影響を乗り越えていくところに、人の成長があるのではないでしょうか。

「親のせいで自分の人生、こんなになっちゃった」で終わってしまっては、あまりに悲しいと思うのです。

そしてここが重要なのですが、親の影響を乗り越えるということは、親への恨みを手放すこととイコールで結ばれます。

親が自分にしたことを、許せないのならそれでかまいません。ただし**恨むことはできればやめたい**ものです。

親のためではなく自分のためです。恨みのエネルギーは負のエネルギーです。何も生み出さないばかりか、あなたの持つ正のエネルギーすら奪っていくからです。

お金持ちの親も問題のない人ばかりではありません。中には親が事業に失敗して夜逃げしたとか、父親が横柄なワンマン親父で家族全員父親が家にいると息をひそめるようにしていた、という人もいます。

ただし**どんなにひどい親であっても、お金持ちは「自分が年を取ってあのころの親と同年代になったら見方が変わった」と言います。**

さらに「あのダメさ加減がいかにも人間的で、なんだかかわいく思えてきちゃってさ」と続くのです。

最初にその言葉を聞いたとき、人間はそこまで過去のつらいことを昇華させることができるんだ、と涙が出るほど感動しました。

当時、私はまだそこまで親を許しきれておらず、子どものころほったらかしにされたり、父が私を保証人にして莫大な借金を背負ったりしたことを恨みがましく思っていたからです。

ところが自分の事業が軌道に乗り、自己肯定感が高まっていくにつれて、お金持ちのよく言う「ダメなところが人としてかわいい」という感覚が理解できるようになってきたのです。

過去の事実が変わったわけではありません。私の感じ方や見方が変わっただけです。おかげでとても楽になりました。

親との関係で悩んでいる人は多いと思います。親子関係はさまざまなので一概には言えませんが、**もしすでに親御さんがご高齢であるならば、まずは親御さんの言うことすべてに「そうだね」と言ってあげることをおすすめします。**

実は親も「どうしても子どもにこうさせたい！」という思いで意見を述べているわけではなく、とりあえず「言いたいことは言っちゃいたいだけ」ということが多いからです。

自分の意見とは違うなあと思っても、そこはあえて反論せず「そうだね」と言ってみてください。少々不謹慎な言い方になってしまいますが、親には自分たち子ども世代ほどの時間は残されていません。

老い先がそう長いものではないと考えれば、「ちょっとくらいいい気分にさせてあげてもいいかな」と思えるのではないでしょうか。

自立を大切にするパートナーシップ

お金持ちはパートナーを尊重します。

相手のやりたいことの邪魔は決してしません。

なぜそれが可能かというと、お金持ち自身も自立しているし、パートナーにも自立している人を選ぶからだと思います。お互いに、「何もかもわかってほしい」というふうには考えていないのも、うまくいく理由なのかもしれません。

相手に求めるばかりだと疲れてしまうことを知っているので、重要な部分に関して相手が理解してくれていれば、それで十分と考えるのでしょう。

家庭の主婦の方のお悩みに、「夫が自分の話を聞いてくれない」「夫と会話が成立しない」というものがありますが、私は「それ、求めなくていいんじゃないですか？」と思ってしまいます。

夫といえども所詮自分とは別の人間です。

自分の気持ちは自分にしかわかりません。相手のことを「わかってくれない」と嘆いたり恨んだりするよりも、気持ちを切り替えて、「私は私のしたいことをやる！」くらいのスタンスでいいのではないでしょうか。

それができるようになると、生きるのがぐっと楽になると思います。

○かわいい子には旅をさせよ

子どもに対しては、生き抜くための知恵を授けたい、という気持ちが強いようです。

むやみに甘やかしてずっと手元に置いておきたいというのではなく、時期が来たら親離れできるように小さいころから言い聞かせたり、仕向けたりしているように感じます。

早い時期から留学させるケースが多いのも、その表れでしょう。

若いときから世界に出てグローバルな目を養うとか、語学力を身につけさせたいというのも当然ありますが、それよりも**自立した一人の人間として、自分らしく生き抜けるような力をつけさせたい、というのがいちばんの目的**です。

お金についても早くからお小遣い帳をつけさせたり、計画的に使う方法を教えたりと、お金の大切さと効果的な使い方について伝授するのです。

第3章

お金持ちの習慣 考え方編

お金持ちにとって、お金は「自己超越のための手段」

ざっくりとした質問になりますが、あなたはお金についてどう考えていますか？「あれば安心なもの」でしょうか？　あるいは「あれば贅沢な思いをさせてもらえるもの」とか「夢を叶えてくれる最強の味方」などと考えている人もいるかもしれません。

ではお金持ちはお金をどうとらえているかというと、ちょっと違っています。

さて、ここで私がこの本で「お金持ち」と呼んでいる人たちについて、今一度確認しておきましょう。

私が「お金持ち」という言葉を聞いたときに想定するのは、

・事業で成功し、一代で財を成した人および、先祖様から受け継いだ事業を継続し、

発展させている人たち

・すでに十分な財産を築いており、生活のために働かなくてもすむ人たち

・事業で得たお金を使って社会貢献をしている人たち

です。

投資などで成功して財を築いた人というよりは、**実業でうまくいって財産をつくることができた人や、ご先祖様がつくった事業を継続し、さらに発展させていっている人たちが私の想定する「お金持ち」**です。

これがあなたの考える「お金持ち像」と一致しているかどうかはわかりませんが、この本ではそれを前提としていることをご理解ください。

さて、私の想定する「お金持ち」に該当する方々には、お金についてのとらえ方に共通した特徴があります。

それは、**「お金は自己超越のための手段と思っている」**という点です。

仕事で実績を上げてきたということは、多くの人から支持され喜ばれる商品なりサ

ービスなりを提供し続けてきたということに他なりません。

それも一時的な売り上げ増などではなく、継続的に発展させてこられたからこそ、生活のために働かなくてすむところまで資産を築くことができたのです。

これは何を意味するかというと、「絶え間ない自己超越をしてきた」ということに他なりません。

過去の成功は過去のもの、今から自分は過去を超える新しいものを生み出したいという考えがその根底にはあります。過去を超えるということは、昨日の自分を超えるということ。すなわち自己超越です。

いちばんイメージしやすいのは、現在、アメリカの大リーグで活躍しているドジャースの大谷翔平選手でしょう。

もう十分な、一生どころか何回生まれ変わっても大丈夫なくらいの資産形成ができているにもかかわらず、大谷選手の目標はただ一つ、「昨日の自分を今日の自分が超えること」だというのは、直接大谷選手と面識のない私たちでもうかがい知れるところです。

これがまさに「お金持ち」の考え方のベースです。

そのことを念頭においていただくと、これからお話しする「お金持ちの考え方」が理解しやすくなると思います。

お金に困らなくなる5つの考え方

①血と知と地

人は自分の両親など、幼少期から自分を育ててくれた人のお金の価値観の影響を受けています。

その影響は「3つのチ」に集約されます。

1つ目の「チ」は**「血」**です。

2つ目の「チ」は**知識の「知」**で、たとえばメニューを選ぶときに、親が発した「これは高いからもう少し安いのにしよう」という言葉や、「お祝いごとにはお金をはずまなくちゃ」などの発言が、親のお金の使い方に関する「知識」として入ってくるわけです。

3つ目の「チ」は**「土地」の「地」**です。

どういう場所で育ったかによって、お金に関する慣習が違ってきます。

お金持ちは意識するしないにかかわらず、人生のどこかの時点でこうした観点から親のお金に対する価値観が自分を幸せにしてくれているか・いないかを振り返り、自分のお金の価値観をリセットする作業をしています。

②コップ理論

よく言われることですが、コップに半分水が入っている場合、「あと半分しか残っていない」と感じるか、あるいは「まだ半分も残っている」と感じるかで、幸福度が変わってきます。

お金持ちは言うまでもなく「まだ半分も残っている」と考えます。

③「三方よし」がモットー

商売人として知られる「近江商人」の考え方に「三方よし」というものがあります。

商売は、相手が自分の売っている商品なりサービスなりを喜んで買ってくれて、そのおかげで自分も利益が上がって、ひいては社会のためになるのがよい、とする考え方です。**売り手・買い手・世の中、の三者がともに幸せになるような商売のあり方が理想**だ、というわけです。

三方よしの循環に入ることができれば、商売は順調に伸びていきます。

その根底にあるのは、「自分さえ儲かればいい」という利己的な発想ではなく、まずは「他者のために」を主眼とする利他的な発想です。

よく「金持ちケンカせず」と言いますが、**実際に余裕のある人は他人から搾取することを考えませんし、人より多く分け前を取ろうとはしない**ものです。

逆にお金のない人ほど、少しでも人より多く取ろうとしてケンカになることが多いと聞きます。

相続の際にいちばん争いになるのは、亡くなった親御さんの資産が少なかったケースだそうです。平均寿命が延びた今、多くの人にとって相続が発生するのは子ども自身も比較的高齢になったタイミングでしょう。

人生で最後に大金を手にできるのは、退職金を受け取るときと親の財産を相続したときと言われます。言ってみれば、人生最後のチャンスなわけです。

だから必死になり、身内とはいえ自分以外の人間を押しのけてまでも、多くの分け前を得ようとするのでしょう。

そんなことをして、身近な人との関係にひびが入ってしまったら大変です。

それよりも、「経済的に自分以上に困っている人」に目を向けて、少し多く相続させてあげたり、あくまでも平等を貫いて均等に分けたりしたほうが、あとあと禍根を残しません。

年を取ると人間関係に助けられることが増えてくるので、自分の欲をグッと抑えこんだほうがいい場合も多いのではないでしょうか。

お金持ちは「自分だけがよければいい」とは決して考えません。自分にとってもよく、相手にとってもよく、第三者にとってもよい……つまり「三方よし」となってこそはじめて物事がうまくいくと考えます。

④人の話を聞く

人は自分の話を聞いてもらいたいと思っています。もちろん大人なのでそんなことは口に出して言いませんが、本音を言えば、ほとんどの人は「あなたの話はどうでもいいの。それより私の話を聞いて」となるでしょう。

でもお金持ちの人は違います。

驚くほど人の話を熱心に聞くのです。理由は「人はみんな自分の話を聞いてもらいたい生き物だということをわかっているから」。

相手に満足してもらいたい、いい気分になってもらいたい、という思いが人一倍どころか人の10倍100倍も強いのがお金持ちなのです。

もちろん生半可に「そうですか」とあいづちを打つだけではありません。話の内容をしっかり覚えていて、次に会ったときに、「この間、お話ししてくれたあの件、どうなりましたか？」など、続きを聞いてくれようとさえします。

自分にそんなふうに接してくれる人を好きにならない人はいないでしょう。

人に愛されたからこそ成功をつかみ、お金持ちになることができたのだなと、私はお金持ちに親身に話を聞いてもらうたびに感じます。

⑤いつも前向きに

コップの水のとらえ方にも表れているように、お金持ちは物事をポジティブにとらえます。

たとえ**自分にとって好ましくないできごとが起こったとしても、「今、この経験から何ごとかを学べと言われているのだな」とか、「今はまだそれをしていい時期ではないということなんだな」という考え方をします。**

こんな考え方ができれば、自分の人生から「イヤなこと」はなくなっていきます。

だからお金持ちはいつも元気ではつらつとし、周りの人の気持ちを明るくさせるパワーに満ちているのです。

利他がベースのお金持ちマインド

「得をするなら損から始めろ」を信条としている

お金持ちは、自分の利益を考えるよりも先に、「相手にとってメリットがあるかどうか」を考えます。相手の幸せを先に思い浮かべるわけですが、なぜそうするかというと、そうすることで自分に必ず帰ってくることを経験的に知っているからです。

だから値切ることをしません。

ちょっとここで想像してみてください。あなたがスーパーの経営者だとします。ある食品メーカーの営業パーソンが新商品を持ってきたとき、「いくらですか。ちょっと高いですね。もっと安くなりませんか」と言うと、相手はどう思うでしょうか。

おそらく「あそこに持って行くと買い叩かれるからやめておこう」となるでしょう。その商品が多くの消費者に人気になり、大きな売上を立てるようになったら、あなたはその商品をたくさん仕入れたくなることでしょう。

でも、一度値切られたメーカー側は、きっとあなたのことをよくは思っていないでしょう。人気で品薄の商品を卸すのならば、最初に「いい商品を作りましたね。きっとたくさん売れますよ」と快く言い値で買ってくれた人のところにしたいと考えるのではないでしょうか。

お金持ちはその心理をよくわかっています。

目先の得にとらわれて値切ったり出し惜しみしたりしても、得なことは何もないことをよく知っているのです。

だから**まずは「相手にとって得になること」を考えます。仮に自分が一時的に損な状況になっても、です。**

私のようにセミナーを主催している身にとっては、「知識を出し惜しみするかどうか」がそれに該当します。

私はお金持ちの方々にならうことを旨としているので、もちろん出し惜しみしません。「これでもか！」というくらい情報を提供するようにしています。

受講生の方々に早く自分に自信をつけて自己肯定感を高め、自分らしく生き生きと生きて行ってほしいと思うからです。

そうすれば口コミで「中島先生のセミナー、すごくよかったわよ」と広まり、ひいては私と私の会社のメリットにつながっていくことでしょう。

だから、**ケチらないこと。惜しみなく相手に与えること。**これが大事です。

自分の人生の責任は、自分にあることを知っている

うまくいかないことを自分以外の誰かのせいにすること、一般にはよくあると思います。

お金持ちの家に生まれなかったから、いい教育を受けられなかった……。

結婚した相手の収入が低いから、自分はこんなに苦労している……。

子どもの出来が思っていたよりも悪かったから、子どもの将来が心配で仕方ない……。

「私の不幸の原因」は「私」でなく「私以外の誰か」にある、という考え方から抜け出せない人は少なくありません。

でも断言します。お金持ちでそういう考え方をしている人は、私の知る限りまずいません。

「自分の人生の責任は全部自分で負う」という覚悟ができているので、人のせいにすることがないのです。自立していると言い換えることもできます。

考えてみてください。先に挙げた3つの例は、考え方次第で自分の思うような方向に向けることができるのではないでしょうか。

お金持ちの家に生まれなくても、いい教育を受ける方法はあるはずです。小学校から私立の学校に通うという意味での「いい教育」を受けるのは難しいかもしれませんが、大人になった今から自分を教育し直しても全く遅くありません。

自分の意志で始める勉強は、実り多いものになるでしょう。

結婚相手の収入が低くて生活が苦しいのは、ある意味、自分が働く原動力にもなるのではないでしょうか。実際に年配の女性で成功した人の中には、「夫が大酒飲みで生活費分まで飲んでしまう人で。だから私、生活費を稼ぐために頑張って働いたんです。気づいたらこうなっていました」という人が少なくありません。

節約生活のノウハウを本にしてヒットさせた人もいます。何ごとも考え方次第なのではないでしょうか。

少々厳しい言い方になってしまいますが、子どもの出来が悪くて心配というのは、本当のところどうなのかな？　と私は思ってしまいます。心配なのは実は子どもの将来ではなくて、「出来の悪い子を育てた自分への評価」なのではないか、と。

本来、自分ごとではないものを自分ごととらえてしまっているのではないでしょうか。

心理学では**「課題の切り分け」**という言葉をよく使います。その課題が本当に自分にとって解決すべきものなのか、他者の課題を自分の課題と混同していないかどうかを見極める、というような意味です。

お金持ちの人ほど、課題の切り分けが上手にできています。本当に自分が向かい合うべきことにしか頭を使いません。

だから悩みが少ないというのも特徴的です。

逆に言えば、しょっちゅう「お金がない」とこぼす人ほど、いろんなことを抱え込んでクヨクヨ悩む傾向があるように見受けられます。

「お金はエネルギー」ととらえている

お金持ちはお金を「生きているもの」と考えます。お金は生きているものなので、私たち人間と同じように寂しがって仲間がいる場所を好むと考えてもいます。

だからお金が寂しがらないように、「たくさんの仲間を増やしてあげよう」と考えます。

お金は生きているので、「エネルギーを持つもの」と思ってもいます。

つまり「お金＝エネルギー」ととらえているのです。これ、とても重要なポイントなのでよく覚えておいてくださいね。

さて、エネルギーと聞いて何を思い浮かべますか？　ダイエットをしている人ならキロカロリーという単位かもしれませんし、毎日忙しくて息切れしそうと思っている人なら、「タフさの度合い」としてのエネルギーかもしれません。毎日車に乗っている人なら、エネルギー＝石油などの資源、と認識しているかもしれませんね。

物理学に詳しい人なら運動エネルギーになるでしょうし、スピリチュアルに興味のある人なら、精神性の高さという意味でのエネルギーを思い浮かべるでしょう。

どの解釈も間違ってはいません。

お金持ちが「お金はエネルギー」と考えるときの**「エネルギー」は、自分を高めるための資源というイメージ**です。

①エネルギーは共振共鳴して仲間を引き寄せる

物理学で「エネルギーの共振共鳴の法則」というのがあるのをご存じですか？　同じ質や同じ強さのエネルギー同士が共振共鳴して引き寄せ合うのです。

共振共鳴は歌や楽器、クリスタルボウルの演奏などを連想していただくとわかりやすくなります。

クリスタルボウルの演奏を聴いていると、音の渦が大きくなっていきうわんうわんと鼓膜まで響いて驚くことがあります。

弦楽四重奏や合唱などでも同様のことが起こりますが、これが音の共振共鳴です。

共振共鳴はすべてのエネルギー体の間で起こることなので、人間関係でも起こります。

よく言われる「類は友を呼ぶ」がまさに、「人と人の間での共振共鳴」です。

お金持ちの周りにはお金のある人が多く、逆に経済的に困窮している人の周りの人たちは、同じようにお金に困っていると思いませんか？ 突出してお金があるわけでも、困窮しているわけでもない人の場合、周りの人も似たり寄ったりだったりします。

なぜこんなことが起こるのかというと、**人は自分と同等のエネルギーを持った人と親しくなりやすい**からです。無意識のうちに「エネルギー共振共鳴の法則」にのっとった行動をしているわけですね。
このことをよく理解しているのが、お金持ちと呼ばれる人たちです。

②「こんなに税金を払えるようになってありがたい」と考える

お金持ちは、お金が自分自身を高めるためのエネルギーだということをよく知っているので、最大限効果的に使うことを常に念頭に置いています。

自分を高めることに関係のない部分では省エネになりますが、**自分自身のクオリティを上げていくためには惜しみなくお金を使うべきと考えています。**

目には見えないけれども、自分の内面を充実させ、自分のステージを上に上げてくれる可能性があると感じられれば、それこそお金に糸目はつけません。

私が見ていて、「お金がない」が口癖の人とお金持ちの人では、そこに大きな違いがあるように感じます。

もしかして**あなたは、お金を使うたびに「お金が減っちゃう」と思ってはいませんか？**

ごめんなさい、はっきり言っちゃいます。

もしそうならば、それはお金がないと嘆く人の典型的なお金に対する「考えグセ」の1つです。その考え方は早くやめたほうがあなた自身のためになります。

そうではなくて**「このお金を使って、自分は●●を手に入れられる」という考え方にシフトしていくようにしましょう。**

もしもそれが食費であれば、あなたとあなたの家族の健康という重要な価値を生み出します。電気代や水道代も同様です。電気や水がなくて、どうやって生きていけるでしょうか？

税金もそうです。多くの人は税金を「取られる」と思っていますが、その税金によってインフラが正常に機能しているからこそ、日本という国に住む私たちは安心安全で便利な生活を送ることができているのです。

お金持ちはお金を使うとき、「これは●●という価値を生む」と考えます。

だからがっぽり税金を支払わなくてはならなくても、「税金を取られる」とは考えません。「こんなに税金を払えるようになったなんてありがたい」という考え方をします。

自分を高めることがお金持ちの至上命令なので、成長できると思ったら高額なセミナーをためらわず受講します。

世間一般の人の中には高額な自己啓発セミナーは全部詐欺、みたいに考えている人も少なからずいますが、必ずしもそうとは限りません。

高額なものには高額なりの理由があることを、よく知っているからです。

おごることは投資である

お金持ちは会食の際、「自分が支払いをして当然」と思っています。

しかもそのおごり方がスマートで、相手がお手洗いに立ったすきにさっとお支払いをすませて涼しい顔をしています。

お金持ち同士の会食では、暗黙の了解で誰かが負担することが多いです。いつも同じメンバーの場合は、誰か特定の人の負担が重くならないように気を配り、公平に支払いを持つようにします。

「今日は用事があるからお先に失礼するよ」と退席した方がお支払いをすませておいてくださるなど、鮮やかなお金の出し方をするのがお金持ちです。

そもそもいい歳をした大人がテーブルでお財布を開けてお金を出すのは、スマートとは言えませんよね。レジで「割り勘にしてください」と言って、一人ひとり支払うのも同様です。

会社経営者の場合、割り勘にしなければ会社の経費にすることが可能なものでも、割り勘にしてしまうと経費にできなくなるといった現実的な理由もあります。

だったら自分が支払って経費にしよう、と考えるのは当然と言えば当然でしょう。

でも、お金持ちがみんなの食事代を支払う理由はそれだけではありません。

他の人の分まで払うことに意味がある、と考えています。**お金持ちにとって自分がお金を支払うのは「投資」の意味合いを持ちます。**

その人たちと会って話をすることによって得られる何かがあるから、わざわざ時間をつくってまで会いたいわけです。

お金持ちは忙しい毎日を送っている上、時間の大切さを誰よりもよくわかっています。得るものがない人たちと会うのに割く時間はありません。

お金持ちにおごられている側の人は、一度、**自分がお金持ちにとってどういう投資対象なのかを考えてみるといいかもしれません。**

もし何度も誘われているのならば、お金持ちにとってあなたは興味深い対象であり、自分にとって投資しがいのある相手と見なしている可能性が高いです。

自分の中の何が相手を惹きつけているのかを考えることで自己分析ができ、自分自身のマネジメントにつながっていきます。

とはいえ、一般の人にとっては気前よくおごりたくても、経済的な事情がそれを許さないということもあるでしょう。

まずは無理のないところから、たとえば誰かを誘ったとき、**最後のコーヒーなどを飲んだりしたとき、「今日は私が誘ったからごちそうさせて」と「おごる体験」をしてみてはいかがでしょうか。**

おごるとなると、一体、自分はこの人の何に感謝しているんだろうか、とか、この人とこの先どんなことを一緒にやっていきたいんだろうか、などと考えざるを得なくなります。おごる立場になることで自分にとっての相手の重要度がわかり、関係性がはっきりすることでしょう。

常に「やるなら今」と思っている

「幸運の女神には前髪しかない」という言葉を聞いたことがありますか？「チャンスは訪れたときにしっかりつかまえないといけない」という意味で使われることわざです。

古代ギリシャのポセイディッポスの詩に書かれた言葉ですが、一説にはレオナルド・ダ・ヴィンチの残した言葉とも言われています。

「今がチャンス！」と思ったときに思い切って飛び込まなければいけないことを頭ではわかっていても、いざとなると勇気が出なくてためらっているうちにチャンスが過ぎてしまった……そんな経験は多くの人がしているのではないでしょうか。

そもそも、「あのときが『そのとき』だったのか」と後から気づくことのほうが多いのかもしれません。

でも中には決してチャンスを逃さない人たちもいます。それがお金持ちの方々です。

なぜならば、彼らは**常に「やるなら今！」と思っている**からです。

なぜこのような違いが出てくるのでしょうか。

①自分のやりたいビジョンの解像度を上げている

1つには、**お金持ちの人たちは自分のやりたいことが明確になっている**、という点が挙げられます。

一般の人がチャンスを逃しがちなのは、自分のやりたいことがあいまいでぼやっとしているからです。解像度の低い写真のように、ビジョンが明確に描けていない状態と言えるでしょう。

パズルのように、いろんなパーツを当てはめたとき、はじめて全体像が完成することをイメージしてみるとわかりやすいかもしれません。

解像度の低いビジョンとは、すなわち「全体がぼやっとした大きな写真」のことです。これでは手元に何らかの写真の破片があったとしても、どこに当てはめれば全体を完成させられるかわかりませんよね？

これに対してお金持ちの「やりたいことに対するビジョン」は明確です。**やりたいことがはっきりしている上、分析が得意な人が多いので、どういうパーツがそろえばそれが成し遂げられるかも明確に理解しています。**

イメージが鮮明だということを、大きな写真に置き換えて考えてみましょう。

全体にピントがバシッと合っているので、どこにどういう要素が必要なのかが一目でわかります。

だから「今、このときにあの要素が手元にやってきた」ということがわかるのです。

②「今」に集中するために無駄な不安を捨てている

一般の人の心のブレの起こりやすさも、チャンスを逃す要因の1つです。

心のブレがなぜ起こるかというと、ネガティブなことを考えてしまうからです。

アメリカで行われた心理学の実験結果から、人は1日に6万回もの思考を行っていることがわかっています。1日24時間を秒数に換算すると、「60分×60秒×24時間＝8万6400秒」となります。

なんと私たちは1秒に1回、何らかの思考をしながら生きているわけです。

しかもそのうちの約80％にあたる**約4万5000回は、自分の身を守るためのネガティブな思考をしている**そうです。

過去の自分への後悔や将来への不安が絶え間なく襲ってくるので、「今」に集中できず、それがチャンスを認識できなかったり、認識できたとしても「今、それをすべき」という判断ができなかったりすることにつながっているのでしょう。

お金持ちはこの点でも大きく異なっています。

不安の入り込む要素がないので、過去の後悔や未来への不安などに飛んでいくことがなく、常に「今」に集中しやすい思考パターンができあがっているのです。

自分の決断に自信があるし、何もかも責任は自分で負うという覚悟もあるので、大きなチャンスが転がってきたときでもためらわず即断即決することができるという強みもあります。

私自身が「やるなら今」を実感したのは、恩人が亡くなったときです。

それまで私は「いつか恩返しできるだろう」と考えていました。いつか恩人に成長した姿を見てもらいたい。いつか、いつか……。

ところがその恩人は、ある日突然、亡くなってしまいました。まだ40代という若さです。当然、私はその人にはまだまだ時間があるだろう、お別れするのはずっと先だと思っていました。単に「思っていた」というよりも「信じていた」のです。

ところが現実は違いました。

人はいなくなるときは、何の前触れもなくいなくなってしまう。

何の根拠があって自分は、その人との未来が続いていくだろうと勘違いしていたのか……。

このとき私ははっきりと「人生、今、しかない」と痛感したのです。

お金持ちの判断基準は「やるかもっとやるか」

「そんなこと、自分にはできない。無理」。そう思った時点ですべて終わってしまいます。でも実際、そういう思考パターンの人は多いです。

私もその1人でした。何をするのもハードルが高く感じられ、「自分にはできない」と思っていました。そんなにうまくいくわけないじゃん、というのが私の基本的なスタンスだったのです。

人は「無理」と思った時点で手を出しません。だからいつまでたっても「無理」なままなのです。

私がいろんなことにチャレンジできるようになったのは、「そんなの無理」から「無理と決まったわけじゃないかもね」と考え方を変えることができたときでした。

自分の中に未知のことに対する対応力が生まれたのです。

お金持ちは自分に対する絶対的な信頼感を持っているので、「そんなことは自分にはできない」とは毛ほども思いません。

どんなことでもやろうと思えばできると思っています。

一般の人の判断基準が「できるかできないか」だとしたら、お金持ちの判断基準は「やるかもっとやるか」なのです。

○即断即決は大得意

即断即決ができるのもお金持ちの特徴です。

思えば人生は選択の連続ですよね。朝、パンを食べるかご飯にするかといった小さな選択に始まり、人生の岐路となる進学先や就職先の選択、仕事に就いたら日々の業務の中で何を優先するかの選択を迫られます。

お金持ちの仕事は規模が大きいので、選択次第で関わる人の数や動くお金の額が大きく変わり、どれを選択するかで将来のビジョンも異なってきます。

普通の人なら怖くてどの道もすぐには選べず悶々としそうなところですが、お金持ちはスパッと決めます。その思い切りのよさは、見ているこちらが怖いと感じるほどです。

なぜ即断即決ができるのでしょうか。

それは**自己決定力を持っているから**です。自分のこれまでやってきたことを明確に認識し、分析できているので、「今、どれを選べばいいか」がわかるし、「今こそそれをやるべきだ」あるいは「今はまだその時期でない」「そのことはやらないほうが賢明だ」と即断即決することができるのです。

「自分にはやれる」という確信は、驚くほどの力を生み出します。

特に勝負の世界では顕著にそれが現れます。

水泳や陸上などスピードを競うトップアスリートの場合、金メダルに届くか銀メダルで終わるかの差は、コンマ何秒の差ということがよくあります。まさに爪の差1枚分くらいということもあるでしょう。

その爪の差1枚分で1位を取る人は、「何が何でも1位を取ってやる！」という覚悟に満ちた人なのではないかと思います。

やれると思ったらやれるし、「やれるかな？」と疑っているうちはやれない。そういうことなのではないでしょうか。

自己肯定感でピンチを乗り越える

金持ちだからといって、何もかもが順調でスムーズというわけではありません。

自分の努力ではどうにもならない要因、たとえば経済状況の変化などで窮地に陥ることはあります。

一般の人と異なるのは、「ピンチをどうとらえるか」にあります。

普通なら精神的にダメージを受けて心が折れるようなシチュエーションを、**お金持ちは「成長するチャンス」と考えることができる**のです。

こんなことがありました。

《お金持ちが「ピンチをチャンスととらえて状況を激変させた例」を加筆》

お金持ちは第5章でご説明するように、「自分にはそれをやり遂げられる」と思える力（自己効力感）や、「自分にはそれをやる力がある」と信じる力（自己信頼感）

に満ちているので、「ピンチはチャンス」という考え方ができるのでしょう。

これを乗り越えれば自分はもう一回りも二回りも大きくなれるという思いもあるでしょうし、逆境があるからこそそれを乗り越えたときの喜びは格別なものになるだろうという思いもあるでしょう。

その喜びの大きさを知ることで、よりいっそう他者に多くのものを与えようという思考になっていきます。

他者に与えるものが大きければ大きいほど、お金という形でリターンがもたらされるということなのだと思います。

朝早い仕事に嘆かない

お金持ちは仕事のありがたみをよく知っている人たちです。

話をお聞きすると、まだお金持ちになる前の時代から、「この人は仕事に関して不満を抱くことはなかったんだろうな」と感じるようなエピソードばかり出てきます。

たとえば、早朝からの出勤を命じられたら、一般の人なら「なんで自分が……」と思うのではないでしょうか。

夏場ならばいざ知らず、寒い冬の朝は1分でも多くベッドでぬくぬくしていたいものです。

ところがお金持ちになった人はこう言うのです。

「早朝出勤を命じられたとき、ああ、ようやく自分も朝早い仕事をもらえるようになったんだなと思った」

今の「働き方改革」の時代にそぐわないかもしれませんが、夜、遅くまでかかる仕事を担当することになったときも、休日出勤が必要になったときも同様です。

「休みの日まで作業しなければならないほどのタスクを、自分は任されるようになったんだな」と感じたそうです。

一事が万事こんなふうなので、不平不満が出てくる余地がないというのが、ゆくゆくお金持ちになっていく人の考え方です。

その根底にあるのは「仕事があることはありがたいことだ」という思いです。

仕事は、誰かが何かを必要としたときに発生するものです。たとえばパン屋さんなら、そのお店のパンを買いたいお客様がいるから仕事として成立しているわけです。

会社員も同様です。その会社で提供している商品なりサービスなりを求めている消費者がいて、そのニーズを満たすために会社の各部門があり、そこで働く人が必要だから「会社員」が存在します。

仕事に就けたということは、世の中に必要な存在と認められているということです。

お金持ち（になるような人）は、それに対して心から「ありがたいことだ」と思える人たちなのです。

とにかくお金持ちになるような人は、仕事に対する姿勢が一般の人とは全く違います。

一見すると誰でもできそうな、あまり面白くなさそうな仕事にも面白さを見出して、必ず何かしら自分の糧にしていこうという気概に満ちています。

どうすればこれを効率化できるか、どんなやり方をすればやりやすくなるかを考えてシステム化することを検討し、実行します。

もしもその人以外の誰かも担当する可能性のある仕事であれば、自分以外の人もやりやすくなるようにマニュアルを作成するなど、手順を明確化して迷ったり頭を悩ませたりすることのないようにもします。

「自分だけがよければいい」ではなく、自分以外の人のメリットにもなることも常に視野に入れているのです。

お金持ちはストレス知らず

お金持ちにもストレスはあります。むしろ一般の人よりも背負っている責任が重い分、そのストレスは相当なもののはずです。

でも私の知る限り、**お金持ちで重圧からくるストレスに長く苦しみ続けている人というのはまずいません。**

いちいちストレスを感じていたら身がもたないことがわかっているので、上手に解消する方法を知っているのだと思います。

日常的には、**ヨガや瞑想、筋トレなど体を動かすことを習慣化している人が多い**ようです。体を動かしているとき、人は否応なく自分の「肉体」に意識を集中することになります。それによって頭を空っぽにすることができることを、経験的によく知っているのです。

絵を描いたり、俳句をつくるのが好きで句会に参加したりしている人もいます。ある時期から茶道に夢中になり、自宅の庭先に茶室を作ったという人にもお会いしたことがあります。

かつて武士の精神修養の場として重んじられてきた茶道は、日本文化の粋を極めたものです。一度足を踏み入れると、他では味わえない充足感が得られるようです。

お金持ちは先に楽しい予定を設定することも得意中の得意です。お金には不自由していないので、週末にちょっと贅沢なホテルに泊まりに行くとか、次の連休にプチバカンスを楽しもうということができてしまうわけですね。

ストレスを上手に解消して、楽しむときには存分に楽しむ……それがお金持ちなのです。

「直感」の重要性を知っている

お金持ちは直感を大切にします。

仕事で重要な判断をしなければならないとき、売上や利益率などとことん数字データを分析しますが、期待値が同等になることが予想される選択肢が複数ある場合、**「最後は直感に従う」という人が多い**です。

直感の正しさを理論的に証明した実験があります。

「ファーストチェス理論」というもので、まずプロのチェスプレーヤーにチェスの試合の盤面を見せ、次の手を5秒で考えてもらいます。

その後、同じく次の手について30分かけて考えてもらうという実験です。

この実験の結果、5秒で考えた次の手と30分かけて考えた次の手が同じだった確率は86％にも上ったそうです。

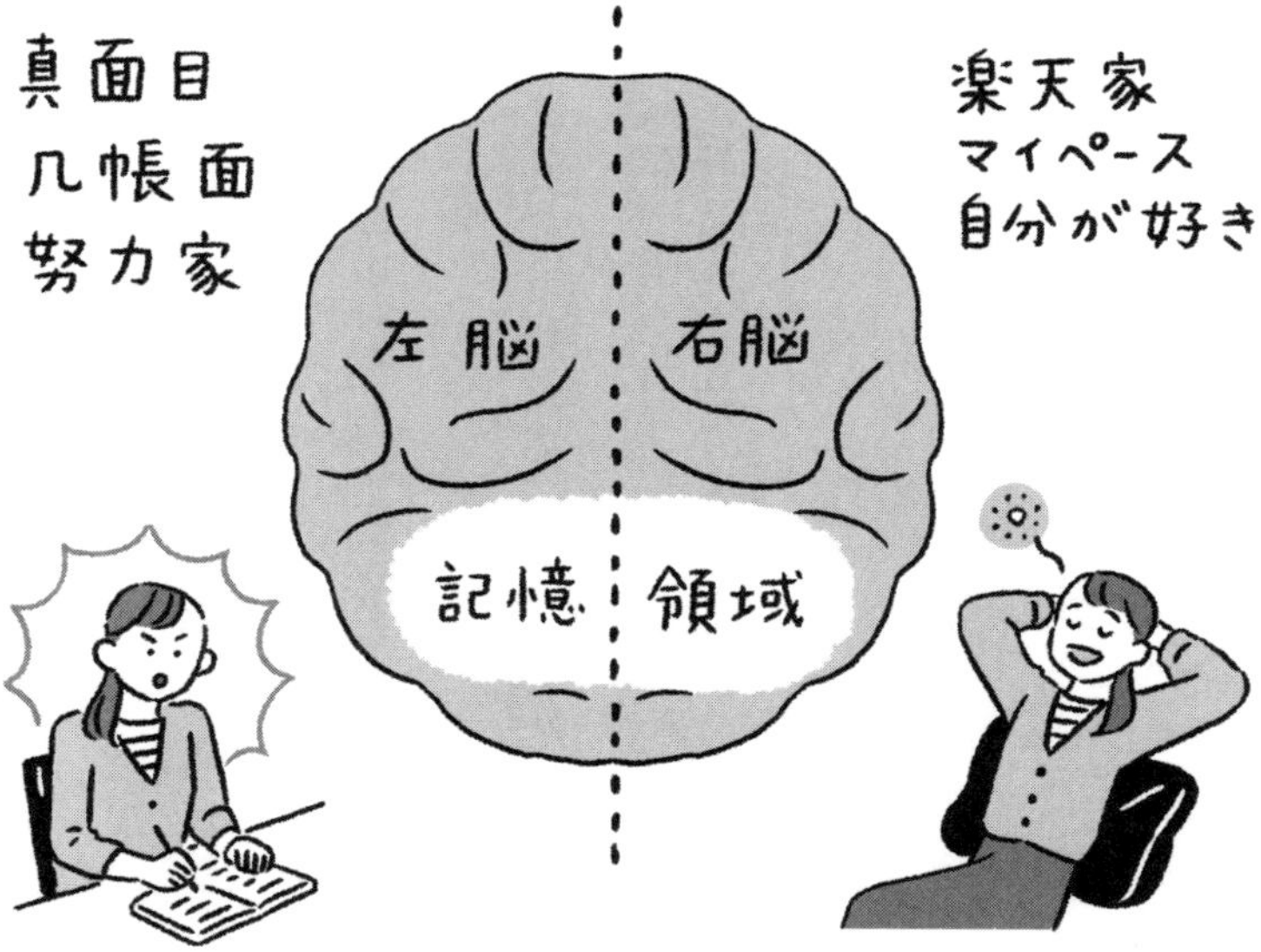

つまり瞬間的に直感で導き出した次の手と、長考した手には14％しか差がなかったわけです。時間の長さに関係なく、ほとんど同じだったと言っていいでしょう。

この実験は直感が当たるということを裏付けるものとして、よく知られています。

○直感は「右脳」がつかさどる

では直感とは何なのでしょうか。

直感という言葉は、一般的には「推理や考察によらずに、感覚的に物事をとらえること」の意味で使われます。

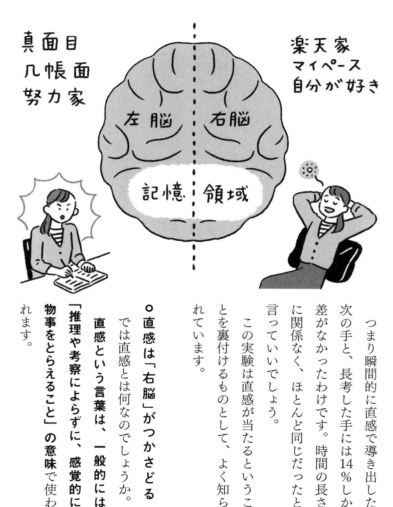

脳科学的には直感をつかさどるのは「右脳」とされています。ここで少し脳の構造についてご説明しましょう。

大脳は真ん中で右脳と左脳の2つに分かれており、それぞれの脳は別々の働きをすることが知られています。

日常的な作業をするときに働くのは左脳で、突発的な事態に直面したときに働くのが右脳です。

どうしてこのように役割が異なる2つの脳を持っているのでしょうか。それは私たち人類を含む脊椎動物が生き延びるための戦略だったとも言われています。

何しろ脊椎動物が誕生したのは、およそ3億8500万年前です。そのころ地球上では激しい生存競争が繰り広げられていたことでしょう。まさに弱肉強食の世界です。

生き残っていくには状況に応じて、

・日常的なルーティンを確立するために、行動を制御する働きをする左脳

・予想外のことが起こったとき、それを感知するための働きを担う右脳

のいずれかを臨機応変に優位にする必要がありました。

脊椎動物の脳と体をつなぐ神経系は左右が交差しており、右半身を左脳が左半身を右脳がつかさどっています。

右利きと左利きでは、右利きのほうが圧倒的に数は多いですよね？　その分だけ世の中は右脳よりも左脳のほうが発達した人が多数派だということです。

学校のテストや入学試験も記憶や計算など、左脳が得意とする領域からの出題が多くなっており、現代人はともすれば、左脳ばかり活用して右脳をほったらかしにしてしまっていることが多いのです。

右脳は理性では割り切ることができない細やかな感情や、豊かな創造性をもたらすにもかかわらず、現代社会ではあまりに軽視されていると言わざるを得ません。

でもお金持ちは右脳の持つ力や、直感力との関係をよく知っているので、常に直感力に磨きをかける努力を怠らないのです。

第4章

お金持ちとそうでない人の違いとは？

あなたにとってのお金の価値とは？

ここまで、3章にわたってお金持ちのふだんの習慣をご説明しました。この章では原点に立ち返り、そもそものお金持ちが考えるお金の価値やスタンスを紹介します。なんとなくでも、お金持ちマインドをわかっていただければうれしいです。

「お金」が大切な理由

①お金は感謝を定量化したもの

お金が大切な理由はいくつかありますが、そのうち私がもっとも重要だと考えているのが、**「お金は感謝を定量化したものだ」**ということです。

人は誰でも自分がいちばん大切なので、知らず知らずのうちに他人に対して思いやりのない行動や言動をしたり、自分を守ることだけに意識が向いたりしがちです。

そんなとき、心の中には誰かに感謝する思いはありません。また誰かから感謝されることもないでしょう。

意識的であれ無意識であれ、「自分だけがよければいい」という態度のとき、人は「感謝」からもっとも遠い場所にいるのです。

でも、人は決して1人では生きられません。

必ず誰かの協力や助けが必要です。**その協力や助けに、感謝の心を抱けるかどうかが、人として成長できるかできないかの分かれ道になる**と私は思っています。

お金持ちになった人は、世の中の多くの人が求めている商品なりサービスなりを提供した人です。その商品やサービスを利用した人は、「こんなにいいものが世の中にあってよかった」「こんないいサービスが受けられるなんて、いい時代になったものだ」と感謝の気持ちを抱くでしょう。

感謝を抱く人が多ければ多いほど、その商品やサービスはたくさん売れて、それを生み出した人のところにお金が集まります。

「お金が感謝の定量化」というのは、こういうことを指しているのです。

②悩みの多くはお金で解決できる

もう1つ、お金が大切な理由として、「人の悩みの多くがお金で解決できるから」というのもあります。

人生には迷いや悩みがつきものだと思っている人が多いですが、実はその原因のほとんどはお金にあります。

たとえば夫婦仲が悪いという悩みは、ほとんどの場合、「お金の悩み」とイコールで結ばれます。

夫のお金遣いが荒くて家計がいつも逼迫《ひっぱく》して困っている、自分の知らないところで借金をつくっている、などのほか、ケチでいちいち何にお金を使ったのか、事細かに報告することを要求される、といったお悩みを私は幾度となく聞いてきました。

自分自身にしたいことがあるのに、状況的にそれができなくて焦る、というのもよくあるお悩みです。

これも「お金の悩み」に帰結することが多いです。

というのも特に主婦の方は家族を優先しなければいけないという思い込みを持っているので、自分のことにお金を使ってはいけないとどこかでブレーキをかけているからです。**「潤沢にお金があるならともかく、今の状況で自分のやりたいことにお金をかけられない」と考えてしまう**のですね。

今の仕事がつらくて仕方ないとか、職場の人間関係がよくない、隣近所の人とトラブルになった、といった悩みもお金で解決できると私は思います。

生活するのに困らないくらいのお金があれば、仕事を辞めるという選択をすることができます。

しばらく休養して次の道を考える余裕も持てますし、場合によってはそのままリタイアすることだって可能です。生活費を稼ぐための仕事ではなく、お金になるかならないかはわからないけれども、自分が心からやりたいと思っていることを仕事にすることだってできるでしょう。

イヤな人がいる職場から離れてしまえば、その人とは自動的にさよならできますね。

隣近所のトラブルもしばしば耳にしますが、我慢してそこに住み続けなければいけない理由はただ一つ、「お金がなくて引っ越しができないから」ではないでしょうか。特に住宅ローンを抱えているとなると、そう簡単には引っ越しができません。でもお金があれば住宅ローンの一括返済ができ、住んでみたい場所に引っ越すことが可能になります。

次は失敗しないように、住んでみたいエリアに賃貸住宅を借りて、ゆっくり近隣に「困ったちゃん」がいないかどうかリサーチする余裕も持てるでしょう。

お金で悩みのすべてが解決するとはもちろん言いませんし、言えません。

けれども悩みの多くがお金によって解決できるというのは、ある意味真実なのです。

お金持ちになっていく「プロセス」こそが大事

さて、「お金で悩みが解決できる」のは一面では真実ですが、100%の真実ではありません。

自分の心が整っていない段階で大金を手にしてしまうと、場合によっては人生を狂わせる結果になることもあり得ます。たとえば宝くじの高額当選などです。

もちろん突然入ってきた大金を上手に使って、本当のお金持ちになっていく人もいるのでしょうが、周りの人に寄って来られたり、「金ならいくらでもある」とばかりに散財したりして、何年かで失ってしまったという話も耳にします。

私が思うに、**いちばん重要なのは「多くのお金を得られるようになるまでのプロセス」にある**のではないでしょうか。

そのプロセスとは、第5章でお話しするような自己肯定感の高まりを伴った、「仕事が成功するまで」のプロセスです。

「本当の意味での経済の自立」が幸せへの近道

多くのお金持ちに接してきた私が痛感していることがあります。それは、**「本当の意味での経済的自立は人を幸せにする」**ということです。

「本当の意味での」というところがポイントになっています。

おそらく経済的自立だけなら、できている人が多いと思うのです。正社員であれ派遣社員やアルバイト・パート勤めをしている人であっても、自分の生活を自分の力で支えていられるのであれば、立派な経済的自立です。

問題はそこに「幸福感が伴っているかどうか」ということだと私は思っています。

仕事は頑張っているしそれなりに成果は出ているけれども、実は楽しくないとか、無理やり我慢してやっているだけとか、仕事をしないと生きていけないのでこうするしかないと思っている、などという場合、残念ながらそれ以上の上を目指して本当のお金持ちになることは難しいのではないかと思います。

というのも、**楽しさや喜び、やりがいというものが感じられないと成長することができない**からです。

私が**「お金持ち」と呼ぶ人たちは、例外なく仕事に喜びを感じていますし、「仕事が楽しくて仕方ない」と言います。**

その理由は「自分がこういう仕事をしていることで、喜んでくれる人がいるから」だと言うのです。そして「こんな仕事に巡り合えた自分は本当に幸せ者だと思う」と例外なく口にします。

日々の労働に対する楽しさや喜び、さらに自分が仕事を続けていられることへの感謝が大きな力となり、彼らを「お金持ち」と呼ばれる立場へ押し上げ、本当の意味での経済的自立を果たすことにつながっているのだと感じます。

お金を本当に愛している人と愛していない人との違い

お金にあまり縁のない人によくある誤解が、「自分はお金が好きだ」という思い込みです。実は本心からお金を好きだと思っているわけではないように思います。

おそらく**「お金を好き放題に使ってみたいと思っている」あるいは「浪費が好き」という気持ちを、「お金が好き」と勘違いしている**のでしょう。

なぜ私がこう考えるかというと、こうした勘違いをしている人たちの行動は、心からお金を愛しているお金持ちたちとは真逆な行動になっているからです。

本当にお金を愛してやまないお金持ちたちは、例外なく「お金を増やす行動」をしており、決して「好き放題に使う」「浪費する」といったことはしません。

お金持ちがその場にいる人全部の飲食代を払ったり、高価なものにパッと思い切りよくお金を払ったりするのは、お金を好き放題に使いたいからでも浪費したいからでもありません。

「今、ここでお金を使うことには意味がある」と納得した上での行動なのです。

つまり、**お金を本当に愛している人は、根拠のあるお金の使い方をするし、さらにはビジネスや投資など絶えずお金を増やすことを考えて行動します。**

逆に「自分はお金に縁がない」と嘆いている人は、お金を使うのに根拠が必要なことを知りません。

また、ストレス解消のために浪費に走ることもしばしばです。

お金を本気で愛せる自分になる方法

お金に対するイメージを変えよう

①お金を使う根拠を考えたり、投資を始めたりしてみる

絵や書道などの芸術的表現をはじめ、あらゆる習い事は「模倣」から入ります。名画の模写をしたり、先生のお手本どおりに字を書いたりすることは、上達する上でとても重要です。

お金についても同じように考えて、**お金持ちにならった行動をすることをぜひおすすめしたい**と思います。

これまであまり深く考えず、「必要だから」「欲しかったから」という感情にまかせた買い方を、**「どうして必要なのか」「それが自分の将来にどう役立つのか」という観点から買う・買わないの判断をする**ようにしてみましょう。

また、欲しいと思っていなかったのに、何かを目にして矢も楯もたまらず欲しくなったときは、「あれ？　今、私、衝動買いしようとしている？」と自分の行動に気づけるようにしていくといいでしょう。

はじめのうちはうまくできないかもしれません。

まずはお財布やキャッシュレス決済のためのスマホなどを取り出したとき、自分に「本当にそれ、必要？」と問いかけることから始めてみてはいかがでしょうか。

２０２４年１月から期限のないＮＩＳＡ（少額投資非課税制度）が始まりました。投資を始めるにはいいチャンスです。

つみたて枠を利用すれば、毎月１０００円からでも積立で投資をすることができます。

少ない金額でも投資を始めることで、自分のお金を自分でマネジメントしている実感が持てるようになっていくことでしょう。

ただし投資商品は預貯金とは異なり、元本保証されるものではありません。私は元本割れを経験するのも勉強のうちだと考えていますが、みなさんにその考えを押し付けるつもりはありません。

投資商品の性質を理解し、納得した上で行ってくださいね。

②己の現状を直視してみる

少々厳しい言い方になってしまいますが、私は**お金に縁がないと感じている人ほど、「自分自身の現実を直視していないんじゃないかな」と思っています。**

無意識のうちに「自分はこの程度でいいんだ」と、自分の可能性に蓋をするような行動や考え方をしているように感じられてならないのです。

自己肯定感が低いからそうなるのか、そんな行動をするから自己肯定感が高まっていかないのか……ニワトリが先か卵が先かみたいな話ですが、いずれにしろ自己肯定感の高さと、本気でお金を愛している「お金持ち」の度合いは正比例の関係にあるのは間違いないでしょう。

今、**あなたが自分について、「自己肯定感が低くお金に縁がない」と感じているの**

であれば、どうしてそうなったのか自分自身を振り返ってみることをおすすめします。

最初にすべきことは、自分のお金に対する価値観がどんなふうに形づくられてきたかを考えていくことです。

おそらくほとんどの人が、幼少期にお金の価値観を形成するようなできごとに遭遇しているでしょう。

たとえばあなたの親御さんは、「生活が苦しい」とか「うちはお金がない」、「今月も赤字になりそうだ。どうしよう」というようなことを言ってはいませんでしたか？

また、お金に関することで両親がケンカをしたことはないでしょうか？

日本の場合、昔から清貧思想があるので、「お金は汚いものだ」「お金を欲しがっちゃいけません」などと言われたことがある人も少なくないことでしょう。

お金に関することで親御さんや学校の先生など身近な大人から言われて、「そういうものなんだ」と思ったことを思い出してみてください。

その一つひとつがあなたの中にお金に対するネガティブなイメージとして、刷り込まれていませんか？

③お金持ちはお金にポジティブなイメージしか持っていない

この「お金に対するイメージ」が、お金持ちとそうでない人とでは決定的に違っています。

もちろんすべてのお金持ちが、最初からお金に関してポジティブなイメージしか持っていなかったわけではありません。

中には経済的に困窮している家庭で育ち、親御さんが苦労している姿を見たり、思うように進学ができなかったりして、過去にはお金に対してネガティブなイメージしか持てなかったという人もいます。

でもそれをどこかで克服し、**お金のイメージをポジティブなものに書き換えた結果、お金持ちと呼ばれる人になっている**のです。

お金持ちほど心底お金を愛し、お金の力をよく知っています。お金はエネルギーだということをよくわかっているので、そのエネルギーをさらに高めるための努力を怠りません。

ここで大切なのは、ただ単に「私はお金を愛する」「お金はエネルギーで善である」

と自分に言い聞かせるのではなく、自分の生き方を通して自分自身に「腑落ちさせる」ことです。

④自分がしたいことが、どうすれば世の中のために役立つかを考える

実はこの「腑落ちさせる」のがとても難しいのです。

それには自分自身がより多くのお金を得て、さらに大きなものを目指して増やすための行動をするしかありません。

「じゃあ、実際にどうすればいいんですか？」とよく聞かれますが、その答えを私は持っていません。

みなさん一人ひとりの中にしか、答えはないからです。「そんな抽象的なことを言われても」と感じられたかもしれません。

でもこう考えてください。言い方を変えれば、「誰の中にでも、その答えは存在する」のです。

そのはじめの一歩となるのは、**「自分が本当にしたいことを、どうすれば世の中のために役立つかを考えること」**だと私は思います。

私自身もそうでした。

私がうつ病とパニック障害に苦しみ、仕事以外すべてを引きこもって過ごした経験があるのは、「はじめに」でお話しした通りです。

苦しみや失望の渦中にあった私にとって、お金はネガティブなイメージをもたらすものでしかありませんでした。実家が倒産して借金の返済に追われて、それが原因で精神の根から不調に陥ったわけですから、ポジティブなイメージが持てるはずもありません。

そんな私ですが、精神的に回復していくとともに、この経験を何かに役立てたいと考えるようになっていきました。かつての自分と同じように自分に自信が持てず、不安のただなかにいる人たちに、自分の体験をシェアすることで安心してもらいたいと思うようになったのです。

そうした人たちに、ちゃんと回復して元気に活動できるようになるんだよ、自己肯定感が高まっていき、自分に自信が持てるようにもなるんだよ、ということを伝えたい、自分が伝えなくて誰が伝えるんだ？という気持ちに駆り立てられる思いでした。

無我夢中でセルフカウンセリングのプログラムをつくり、学びたいという人を集めてセミナーを始めました。

はじめのうちは細々とした活動でしたが、取り組んでいるうちに規模が大きくなり、それによって収益も上がり始めます。

このプロセスを経て、私は**「やりたいことのうち、人の役に立つことがお金に結びつく」ということを腑落ちさせられた**のです。


お金持ちになった人たちに、「どうしてこれを仕事にしたのですか?」と尋ねると、ほとんど同じ答えが返ってきます。

自分が何かに強いインパクトを受け、それを自分以外の人にも役立ててもらいたいと思って商品なりノウハウなりを生産・確立したところ、想定したより多くの人に求められ、結果として収入につながったというのです。

ぜひみなさんも、得意なこと、やりたいことのうち、いちばん人に喜ばれたり人の役に立ったりしそうなことはなんなのか、考えてみてください。

そしてそれを極めていきましょう。極めていくうちに、「これを世の中のたくさんの人に知ってもらいたい」という気持ちが湧き上がってきます。

そのタイミングをうまくつかまえて、世の中に出していきましょう。

この段階まで来たとき、あなたの自己肯定感はグンとアップし、自分が世の中に役立つ人間だと信じられるようになっていることでしょう。

この章では、お金持ちとそうでない人の違いについてお話ししてきました。

最終章は、お金持ちの方に備わっている「自己肯定感」についてのお話が始まります。ぜひ積極的に取り入れて、お金持ちになるためのマインドを養っていきましょう。

第5章

お金と自己肯定感の深い関係

「自己肯定感」ってなんだろう

この章では、お金持ちの自己肯定感が高い理由について解説していきたいと思います。

自己肯定感とは、人の人生を支える軸となるものです。

自己肯定感は周囲の環境に影響を受けて高くなったり低くなったりします。他者との関係の中で育っていくものなので、その始まりは他人の評価を意識できるくらいの知恵がついてきたころと考えていいでしょう。

生まれて間もない、まだ言葉も話せない赤ちゃんの笑顔が無垢で輝くようなのは、まだ自分に対する評価の存在すら知らないからです。

赤ちゃんのころは、ありのままの自分でいられる「自己肯定感ＭＡＸな時代」とも言えます。

しかし無垢な赤ちゃんも時の経過とともに成長していき、「自分の扱われ方」や「自分の立場」を意識するようになります。

やがて他者と自分を比較するようになり、「あの人にはできるのに、自分には●●ができない」とか「自分はなんて取柄のない人間なんだろう」などと自己を否定する思いが兆してきます。

こうして自己肯定感が揺らいでくるというわけです。

「自己肯定感」を構成する6つの要素

「自己肯定感」というのは「自己を肯定する感覚」です。スッと入ってきやすいですし、わかりやすい言葉ですね。

でも「自己肯定感」という言葉で表すことができるのは、ざっくりしたイメージにすぎません。もっと細分化しないことには、「何が原因で自己肯定感が低くなっているのか」という肝心なところが見えてきません。

体調不良の原因と同じです。

たとえば体調が悪いときに病院に行き、「最近、体調がよくないんです」と訴えたとしましょう。

すると医師は「具体的にどういう症状がありますか?」と尋ねてきます。あるいは「どこかに痛みはありますか?」とか「以前に比べて食欲はどうですか?」などと質問してくるかもしれません。

いずれにせよ

体調不良　↓　具体的にどこがどう?

と細かく見ていくでしょう。

さらに、たとえば胃の消化機能が弱っていることがわかったとしたら、その原因がなんなのかを突き止めます。

胃酸過多によるものなのか、胃潰瘍なのか、あるいは腫瘍によるものなのかで治療法が異なるからです。

「自己肯定感」もそれと同じです。

多くの人はサラリと「自己肯定感」の一言で片づけてしまいますが、私は自己肯定感を構成する要素は6つに分けられると考えています。

その**6つとは「自尊感情」「自己受容感」「自己効力感」「自己信頼感」「自己決定感」「自己有用感」**です。

まずはそれぞれがどんなものなのかを簡単にご説明しましょう。

1　自尊感情・・・自分には価値があると思える感覚
2　自己受容感・・・ありのままの自分を認める感覚
3　自己効力感・・・「自分にはできる」と思える感覚
4　自己信頼感・・・自分を信じることができる感覚
5　自己決定感・・・自分で物事を決定できているという感覚
6　自己有用感・・・自分は何かの役に立っているという感覚

いかがでしょう？　意外とバラエティに富んでいると思いませんか？

たとえば、「自分に自信が持てずに自己肯定感が低いんです」と言うとき、その自信のなさが「自分には価値がない（自尊感情の欠如）」から来るものなのか、あるいは「自分で物事が決められない（自己決定感の欠如）」からなのか、はたまた「自分は何の役にも立たない人間だ（自己有用感の欠如）」から来ているのか……？

この**「６つの要素」を知っておくことで、「自信のなさ」の原因がどこからきているのか、分析することが可能になる**というわけです。

ではそれぞれについて解説しつつ、お金持ちの自己肯定感を構成する６つの要素はどうなのかという点についてもお話ししていくことにしましょう。

お金持ちならば皆が持っている自己肯定感を理解することが、お金に愛される第一歩になります。

ここでは、そんな自己肯定感を構成する６つの要素を、木の部位にたとえながらご説明します。

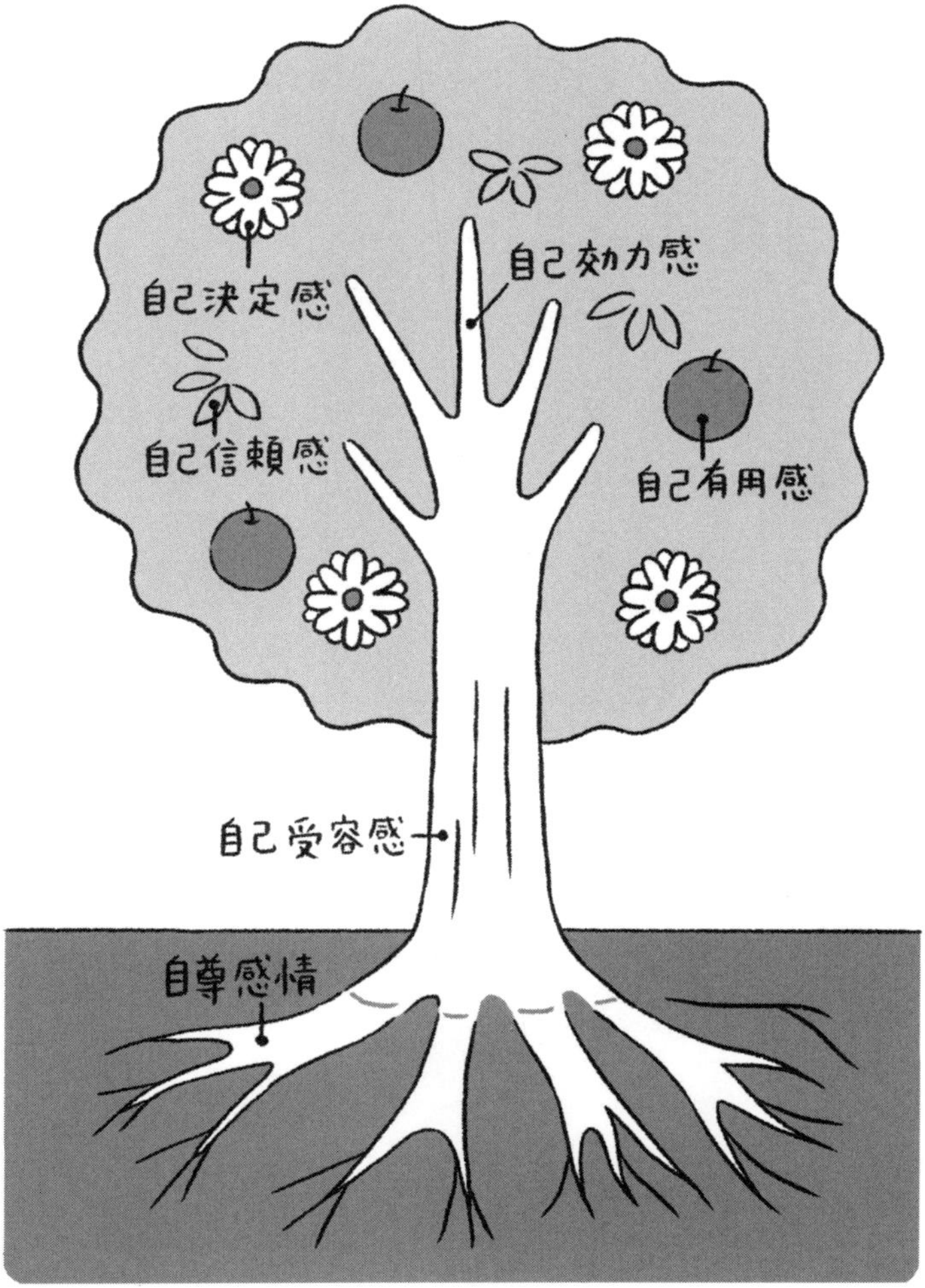
自己決定感
自己効力感
自己信頼感
自己有用感
自己受容感
自尊感情

自尊感情

自尊感情は木にたとえて言えば、「根」のようなものです。木が風雨に負けずに立っていられるのは、大地に深くて大きな根を張っているからです。

自尊感情もそれと同じで、自己肯定感を構成する要素のうちもっとも基本的なものと言えるでしょう。

自尊感情はあなたが自分の性格や個性、持ち味を評価したり、自分の生きる意味、自分の価値を認識したりするときに働く感情で、「私はこのままでいいんだ」と思える感情です。自分を尊重する感情、すなわち「自尊心」とも言い換えることができます。

文字通り「自分を尊ぶ」感情なので、自尊感情が高いと自己評価が高く自分を価値ある存在と考え大切に扱うことができますが、これが低いと自己評価が低くなって自分をとるに足らない存在と考え、自分への扱いが粗末になります。

「セルフネグレクト」という言葉を聞いたことがありますか？

「セルフ」はみなさんご存じかと思いますが「自分自身」、「ネグレクト」とは「無視する」「世話を怠る、放棄する」といった意味です。

すなわちセルフネグレクトとは自分への関心を持たず、自分自身のケアを怠ったり放棄したりすることを言うのですが、そうした状態に陥る人は、自尊感情が極端に低かったり自尊感情を持てなかったりすることが多いのです。


諸外国の人たちと比べると、日本人は自尊感情が低いと言われています。

それには日本人独特の「謙譲を美徳とする」という価値観と、「他者と足並みをそろえる」ことをよしとする日本社会の「同調圧力」が関係しています。

日本には謙虚であることがよいとされる文化があります。こうした文化の中では「私はすごい」とか「私にはこんな長所がある」という態度を示したり、言葉に出したりするのは異端とみなされます。

それよりも「私なんか（どうせ大したことない）」としておくのが正解だし、波風は立たない、と考えてしまうのですね。

また、親が自分の子どもを褒めたり、夫が妻を褒めたりするのもNGとされています。「豚児」とか「愚妻」という言葉がそのことを象徴しています。

○お金持ちはほどよく自尊感情が高い

この一般的日本人と全く異なった発想をするのが、お金持ちの人たちです。

ここで今一度、私がこの本で「お金持ち」と呼ぶのはどんな人たちなのか、定義しておくことにしましょう。

「お金持ち」とは?

・事業で成功し、一代で財を成した人および、先祖様から受け継いだ事業を継続し、発展させている人たち
・すでに十分な財産を築いており、生活のために働かなくてもすむ人たち
・事業で得たお金を使って社会貢献をしている人たち

こうした人たちが私の考える「お金持ち」です。

実際に私は現在、お金持ちの方々と接する機会が多いのですが、会ってお話してみてつくづく思うのが「自尊感情がほどよく高い」ということです。

実は自尊感情は高ければいいというものではありません。

自尊感情がむやみに高いと、「自分だけが素晴らしくて、他の人はみんなダメ」みたいな極端な考えに走りやすい傾向があるからです。

お金持ちになるような方々は「人としての頭のよさ」を持っているので、決して「自分だけが優れている」とは考えません。

だからといって卑屈になったり、「自分はダメだ」と思ったりすることもないのです。

フラットに自分を尊重し、同様に他者をも尊重する……それができるのは、自尊感情がほどよい高さだからなのかな、とお金持ちに会うたびに思います。

自己受容感

自己受容感は木にたとえて言えば、しっかり大地に根を張っているけれども、しな

やかさも併せ持った「幹」のようなものです。

もしもただ固いだけで微動だにしない幹だったならば、強い風に耐えられずボキッと折れてしまいます。外からの強い力を上手に受け止めて流せてこそ、木は強風に負けずに立っていることができるのです。

人にとって「外からの強い力」は「自分の短所」に該当します。

性格だけでなく、容姿などの身体的特徴、考え方、経験値、学歴、キャリア、成育環境や今現在置かれている状況など、自分で短所だと思ったりコンプレックスを感じたりしている部分を、多くの人が持っていることと思います。

でもそんな**自分の「短所」も含めて、ありのままの自分を受け入れることが「自己受容」であり、それが自己肯定感を高めることにつながっていきます。**

自己受容ができないと、直面したくない自分の側面が見えてきたとき、強い自己否定の感情に襲われます。

すると自分の欠点や失敗にばかり目が行ってしまい、自分に対する客観的な評価ができなくなります。

こうなると大変です。ほんのささいなミスが致命的なミスに思えて「自分はなんてダメな人間なんだろう」と自分を責めるようになっていきます。自尊感情はめちゃくちゃに破壊され、失敗を極度に恐れるあまりチャレンジすることを避けるようになってしまうのです。

結果的に自分の可能性を自分で閉ざすことになってしまいます。

自己否定的な考え方が長期にわたって続くと、抑うつ状態に陥るリスクが高まり、心身も疲弊していきます。

こうなると免疫力も下がり、メンタル面だけでなく身体的な面にもダメージが及ぶ可能性が高くなります。

○お金持ちは自己受容ができている

一般の人は自分の短所について目をつぶりたがるだけでなく、長所すらわかっていないことが多いものです。

おそらく自分自身をありのままに受け入れることができていないからでしょう。

お金持ちは自分の長所をよくわかっているだけでなく、短所についてもきちんと理

解しています。

自分を客観的に見ることができているからだと思います。

考えてみたら当然のことかもしれません。私の考える「お金持ち」は事業で成功し続けている人たちです。

自分自身すら客観視できなくて、どうして市場の動向や、自分が提供している商品なりサービスなりの需要を冷静に判断することができるでしょうか。

お金持ちは色眼鏡をかけずに、自分を含む人や物事を見ることができる能力に長けた人たちなのです。


私が「自己受容」で思い出すのが、経営の神様と言われたパナソニックの創始者である松下幸之助氏の逸話です。

松下氏は親御さんが事業に失敗したことから、9歳で大阪の火鉢店に奉公に出ました。学歴という点で見れば小学校中退です。

松下氏はのちにそのことを「学校に行けなかったのがよかった」と回顧しています。学校を出ていない自分は、文字も計算もその他の一般的な知識も他の人より劣っていた。見るもの聞くもの、知らないことばかりだった。

そのわからないこと、知らないことを知ろうと思ったら人に聞くよりほかに方法がなかった、そしてそこで知り得た知恵や知識を活用して自分のものにするしかなかった、それが役に立った、というのです。

自らの少年期の、一般的に見れば不遇を嘆かず恥じず、自分の力に変える……それは松下氏が真の自己受容を深めることができたからこそ、なしえたことなのではないでしょうか。

自己効力感

自己効力感とはなんらかの問題に向き合ったとき、「こうすれば問題を解決できる」とプランを立てることができたり、立てたプランに対して「自分は実行できる」という感覚を持ったりすることができる感覚のことを言います。

目標を達成する際に「自分ならできる」「きっとうまくいく」と自分を信じるのが

大切だということは、みなさんも実感したことがあるのではないでしょうか。

自己効力感は木にたとえると「枝」にあたる部分になるのではないかと私は考えています。

木の幹からはたくさんの枝が伸びています。中には折れてしまう枝もありますが、すぐにまた新しい枝が出てきて長く伸びていきます。

そのさまが、自己効力感に満ちた人が自信に溢れて世界を広げていく姿と重なるからです。

世の中には万年ダイエット中の人がいます。たいていの場合、「やせたい」が口癖で年がら年中ダイエットに挑戦するもののすべてあえなく挫折し、すぐまた別のダイエット法を試したりしますね。

その人たちが**ダイエットに失敗するいちばん大きな要因が、まさに自己効力感の欠如なのではないか**と私は見ています。

口では「今度こそ成功させてみせる！」と言いはしますが、内心では、「自分なんかにダイエットなんて無理」「続くはずがない」と思ってしまっているのです。

これでは成功するはずがありません。

学校の勉強も仕事も同じです。

「●●大学に入りたい」のならば「自分は●●大学に入れる」と考えて勉強すべきですし、「このプロジェクトを成功させたい」のならば「自分にはこのプロジェクトを成功させる力がある」と考えるべきでしょう。

ｏお金持ちは自己効力感に満ちている

私の知る限り、お金持ちほど自己効力感に満ち溢れた人たちはいません。

彼ら彼女らは、**何か課題に直面するたびに、「自分には必ずこの課題を克服することができる」という前提でその課題解決に向かっていきます。**

そもそもお金持ちの毎日は課題だらけです。それを克服し続けてきたからこそ、お金持ちとしての「今」があるわけです。また、第2章でも述べた通り、いやみのない自己アピールや弱みを見せることも得意なので、人を巻き込んで目標に立ち向かえるのです。

お金持ちは自己効力感を扱うプロフェッショナルと言えるでしょう。

自己信頼感

自己信頼感とは、自分の能力や可能性を信じることができ、自分に対する信頼感を持てる感覚のことです。

自己信頼感を最初に提唱したのは、アメリカの思想家ラルフ・ウォルドー・エマソンという人ですが、彼は「根拠のない自信こそが絶対的な自信である」という言葉も残しています。

はたから見てどんなにひどい失敗をして、「もうあの人は再起不能だろう」と思われたとしても、自己信頼感を失わなかったり、仮に一時的に失ったとしてものちに回復させることができたりすれば、その人は再び立ち上がることができます。

自己信頼感が高まっているとき、人は自分の選択に自信を持つことができます。そのため直感力が鋭くなり、物事を成功させやすくなります。

私は**自己信頼感を木にたとえると、「葉っぱ」の部分にあたる**のではないかと思います。

みなさんご存じのように、葉っぱは光合成をすることで木の成長を促します。自己信頼感を持って行動すれば、「あなた」という木はたくさんの葉っぱをつけることができるでしょう。

しかし自己信頼感が持てず、自信のないまま行動してしまうと、「あなた」という木から新たな葉っぱを出すことは難しくなります。

このように**人生をより豊かなものにしていくカギとなるのが自己信頼感**なのです。

自分自身を信じることは、簡単なようで難しいことです。

特に日本社会のように「長いものに巻かれておくのが正解」と考える社会では、自分の信念が世間一般の考え方にそぐわない場合、ためらってしまうことが多いのではないでしょうか。

現実問題として、自分の信念につき従って行動したとしても、支持してくれる人がいなければ収入に結びつかず、経済的に困窮する可能性もあります。

そうしたリスクを冒してまでも、自己信頼感を持って行動できるかどうか……成功するもしないもそこにかかっているのです。

○お金持ちは絶対的な自己信頼感を持っている

お金持ちの自分を信じる力には目を見張るものがあります。

自分の可能性を信じる力、自分の実行力を信じる力、自分がそれをやり遂げられると信じる力……自己信頼感の塊のような人たちと感じます。

お金持ちの多くは、「自分は成功する！」という強い信念のもと、努力を続けてきた人たちです。

自分が何年後・何十年後にどうなっていたいかを明確にし、それを実現するには今、何が足りないのか、その足りない部分を補強するにはどうすればいいのかプランを立て、実行してきた結果、「お金持ち」になることができたのです。

プランを実行できたという経験則に基づいて自己信頼感が形成されているのですから、最強と言えるでしょう。

自己決定感

自己決定感は自己コントロールと深く関係しています。もしも「自分でコントロールできている」と感じられるのであれば、その人の自分の人生に対する満足度は高いでしょう。**自分で決めたことに対して責任を持ち、それを成し遂げる経験は人に多くのものをもたらします。自己決定感はその最たるものの1つです。**

逆に「私の人生、誰かに振り回されてばかり」と思っているのならば、それは他人のせいではなく、自分の人生に責任を持つことを避けてきたことの結果と考えたほうがいいでしょう。「自分が決めたこと」という認識が持てている人は、他人のせいにはしないものだからです。

人は1人では生きていけない社会的な生き物なので、当然、自分以外の他者の影響は受けざるを得ません。本当はもっと違った状況に自分の身を置きたいけれども、今はこうするしかない、というタイミングもあるでしょう。

とはいえ、「今はこうする」と決めたのは、他ならぬ自分自身であることを忘れてはいけません。

この**「自分が選択して」「自分が決めたこと」という認識をしっかり持つことが、自己肯定感を高めることにつながります。**

木にたとえると、自己決定感は「花」にあたるのではないかと私は思います。選択し、決定した結果、花が咲き実を結ぶように人生が花開いていくからです。

逆に言えば、**「自分が努力したことが実った」と感じることができるのは、自己決定感を持っている人だけ**です。

全部他人任せにしていたら、どんなにいい結果になっても、それが自分の努力の結実によるものだとは感じられないのではないでしょうか。

○お金持ちは自己コントロールがうまい

お金持ちになれる人は、絶えず決断を迫られ、その決断に責任感を持って対処してきた人です。

お金持ちは「自分で決めたことだから頑張れる」ということをよくわかっています。また、第3章でも触れたように、一般の人が「できるかできないか」と悩むところを、お金持ちは「やるかもっとやるか」で考えます。あなたも考え方をシフトしてみましょう。

自己有用感

「あなたがいてくれてよかった」とか「●●してもらって助かった」といった言葉をかけられて、「この人の役に立てて本当によかった」と思ったことはありませんか？

それが自己有用感です。

周囲の人や社会とのつながりの中で、「自分が役に立った」という感覚を持つことができたとき、人は強い幸福感に包まれます。

逆に「自分は何の役にも立てていない」と感じたとき、人は落ち込んで自分の価値を認めることができなくなります。

これが自己有用感の低い状態で、こんなとき人は物事を諦めやすくなります。なぜかというと**人は自分1人のために頑張ることができない生き物**だからです。

ずっと仕事一筋で生きてきたサラリーマンが定年退職を迎えると、張り合いがなくなってガックリ老け込んでしまうのは、仕事を通じて得られていた自己有用感を感じる機会がなくなってしまうからです。

木にたとえると「実」にあたる部分です。

◦お金持ちは自己有用感を覚えやすい

お金持ちも自己有用感の大切さを重視して生きています。第3章でお話しした利他の心はまさに自己有用感を利用したものでしょう。相手にギブすることで、その人の自己有用感をアップさせ、自分もポジティブな気持ちになれるのです。

お金持ちが仕事を通じて多くの資産を形成することができたのは、たくさんの人の役に立つ商品なりサービスなりを提供することができたからです。

おわりに

お金持ちは自己肯定感を高い状態で維持している、「自己肯定感のエキスパート」です。

もしもあなたが自己肯定感の低さに悩んでいるのならば、この本に書かれているお金持ちの習慣を1つでも2つでもいいので真似してみてください。

なぜなら、「真似る」ことが物事を達成するためのいちばんの近道だからです。

どんなに素晴らしい手術の腕を持った名医も、最初は駆け出しの外科医です。先輩医師たちの手術の助手をしてそのスキルを学び、名医と呼ばれるまでになったのです。

絵の世界でも同様と聞きました。特に日本画の世界では技術習得のために、名画の模写をとことんするのだとか。

自己肯定感を上げるのも、達人の真似をするのがいちばんです。

お金持ちも、最初から自己肯定感MAXだった人ばかりではありません。

苦労した人の中には、「昔は自分に自信がなくてね」と言う人もいます。

ではどうやって自己肯定感を育てていったかというと、**「絶対にこれだけはやり遂げたい」と思ったことをやり続けたから**です。

まずは自分の好きなこと、やりたいことを見つけ、それを人に喜ばれる形に変化させた結果、自分に自信が持てるようになり自己肯定感が育ったのです。

人は自分の好きなこと、心からやりたいと思っていることをやっているとき、驚くほどの集中力を発揮します。集中力がパフォーマンスを上げるので、よりいっそう得意になります。

千里の道も一歩から、です。


私が声を大にして言いたいのは、**「なんでもいいから好きなことを極めようよ」**ということです。

食べることが好きなら、とことんおいしいものを探求してみる。寝るのが好きなら、より気持ちいい睡眠が取れる方法をあれこれ試してみる。それでいいのです。

もっともっと「それ」を好きになりましょう。何時間でも熱く語れるくらい「それ」について知り、少なくとも自分の知り合いのうち誰よりも詳しくなりたいものです。

そうやって熱中しているうちに、いつの間にか自分に少し自信が持てるようになり、自分を好きになることができます。

この場合の「好きなこと」は「知りたいこと」や「身につけたいこと」に置き換えてもOKです。

実際に始めてみたら、「知りたいと思っていたけれども、やってみたらさほど興味が持てなかった」とか「自分に向いていると思っていたけれども、そうでもなかった」ということがあるかも知れないし、「時間とお金の無駄遣いだったな」と思うかもしれません。

でもやってみないことには「実は興味が持てなかった」ことも「向いていなかった」こともわからず、ずっと「やってみたいのに」と悶々とする羽目になったことでしょう。**行動に移したということは、経験値が上がったということ。それだけ自分が**

成長したということです。

私はかねがね、お金持ちはお金だけでなく人として身につけておきたい、さまざまな力を持っていると感じてきました。

たとえば「人の話を聞く力＝傾聴力」があるからこそ、多くの人に愛され支持されるようになったのだと思います。

そこには相手から話を引き出す「質問力」も必要になるでしょう。

また自分を常に心地よい状態に保つための「快活力」や、相手を楽しくさせる「愉快力」も備わっているでしょう。

事業を成功させる上では、「創意工夫力」も求められるし、時代に合わせて対応する「柔軟力」、事業を発展させていくための「発展・成功力」、さらには生み出した商品やサービスをもって社会に貢献する「貢献力」も持っています。

この**すべての「力」を支えるのが「自己肯定感」**だと思うのです。

この本ではそうしたお金持ちの特性について、できる限り具体的に書いたつもりです。きっとみなさまの次のステップに進むための参考になることでしょう。最後に、本をつくるにあたってご協力いただいたライターの堀さん、編集の簗田さんに心から感謝申し上げます。この本を通じて、みなさまの人生がより楽しくより豊かになることを願っています。

あなたのお金持ち度はどれくらい?

お金持ちチェック診断

Webでも
診断
できます

あなたのお金に対するいまの気持ちをチェックし、
お金持ちへのポテンシャルをはかるものです。
あてはまるのが13個以上でお金持ち度1級、
10個以上で2級、8個以上で3級認定です!

●を
入れよう

以下15個の質問に答えてみてください。

1	お金に関する自分の価値観を理解していると思いますか?	
2	お金の管理方法について、自信を持っていますか?	
3	貯蓄目標を設定し、その達成に向けて計画的に行動していますか?	
4	大きな買い物をする際に、本当に必要かどうか慎重に考えていますか?	
5	お金に関する意思決定において、感情ではなく事実ベースで判断していますか?	
6	不測の事態に備えて緊急資金を準備していますか?	
7	他の人とお金に関する相談や共有を積極的に行っていますか?	
8	信頼できる財務アドバイザーがいますか?	
9	財務諸表を理解し、日常の生活で役立てていますか?	
10	ブランド品や贅沢品よりも価値ある投資を重視していますか?	
11	自分の仕事の価値をお金ではなく、他の価値観でも評価していますか?	
12	お金に対する思い込みや不安を意識的に変えようとしていますか?	
13	誰かからお金の価値を教わった経験がありますか?	
14	お金の問題を避けるのではなく、積極的に取り組んでいますか?	
15	お金に困った経験を通じて学んだことがあり、その学びを活かしていますか?	

15個に近いほど、お金に不安を感じることなく健全な心をもてていて、未来の計画を立てる準備ができています。この診断がより充実した人生の一助になりますように。

あなたのお金の使い方を知ろう！

お金使途チャート

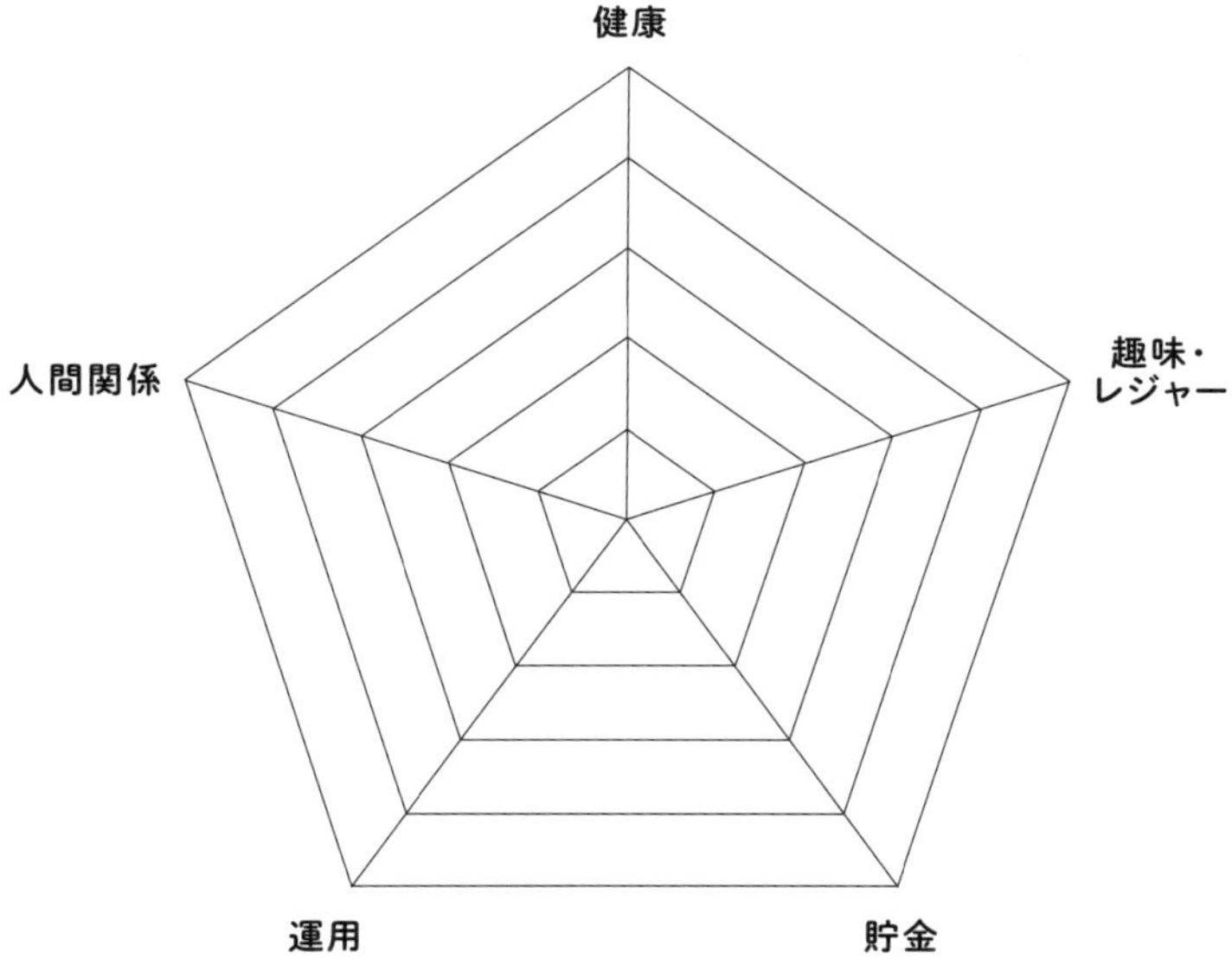

健康、趣味・レジャー、貯金、運用、人間関係の5つの項目について、いまのあなたがどれくらいお金を費やしているか、5点満点でつけてみましょう。点をすべてつないだとき、どんな五角形になったでしょうか。もちろん正解のかたちはありません。どの面に自分が比重を置いているか、それははたして最適なのか考えるきっかけにしましょう。

中島輝 なかしま・てる

自己肯定感の第一人者/心理カウンセラー/自己肯定感アカデミー主催/一般財団法人自己肯定感学会代表。30年以上にわたる研究と実践から、独自の自己肯定感理論を確立。1人ひとりの人生に寄り添うカウンセリングで、15,000名以上のクライアントのこころの輝きをとり戻すサポートを行う。Jリーガーや上場企業の経営者など、各界で活躍する方々からも厚い信頼を得て、予約待ち6か月以上を記録。上場企業の研修オファーが殺到。各メディアから「自己肯定感の第一人者」として高い評価を得ている。自己肯定感アカデミーを設立し、「アドラー流メンタルトレーナー講座」「自己肯定感カウンセラー講座」「自己肯定感ノート講座」「自己肯定感コーチ講座」「HSPカウンセラー講座」などを主催。毎年6,000名以上の対人支援者を育成・輩出し、経営者・プロアスリート・芸能関係者などから多くの支持を得る。現在は、資格認定団体「トリエ」「自己肯定感アカデミー」を主催。著書『自己肯定感の教科書』『書くだけで人生が変わる自己肯定感ノート』『自己肯定感diary』『自己肯定感365日BOOK』『繊細すぎる自分の取扱説明書』『子どもの自己肯定感の教科書』(SBクリエイティブ)など、シリーズ累計70万部突破。海外翻訳出版30冊以上。

自己肯定感が高まる
リトリートメルマガ

30秒でできる
自己肯定感チェックテスト

ブックデザイン　小口翔平+佐々木信博+村上佑佳(tobufune)
イラスト　徳丸ゆう
編集協力　堀容優子
校閲　くすのき舎

なぜあなたは
お金《かね》持《も》ちになれないのか

お金《かね》に好《す》かれる体質《たいしつ》のつくり方《かた》

2025年4月30日 第1刷発行

著者　中島輝
発行者　宇都宮健太朗
発行所　朝日新聞出版
〒104-8011 東京都中央区築地5-3-2
電話 03-5541-8814(編集)　03-5540-7793(販売)
印刷所　株式会社DNP出版プロダクツ

Published in Japan by Asahi Shimbun Publications Inc.
ISBN 978-4-02-332387-2